北京大学新中国留华校友口述实录 丛书
夏红卫 孔寒冰 主编

# "黑脚"的汉语之路

## 法国汉语总督学
## 白乐桑口述

孔寒冰　编著

北京大学出版社
PEKING UNIVERSITY PRESS

图书在版编目(CIP)数据

"黑脚"的汉语之路：法国汉语总督学白乐桑口述 / 孔寒冰编著. —北京：北京大学出版社，2015.10
（北京大学新中国留华校友口述实录）
ISBN 978-7-301-23559-1

Ⅰ.①黑… Ⅱ.①孔… Ⅲ.①白乐桑–回忆录 Ⅳ.①K835.655.81

中国版本图书馆CIP数据核字(2015)第224345号

| | |
|---|---|
| 书　　　名 | "黑脚"的汉语之路：法国汉语总督学白乐桑口述<br>"Heijiao" De Hanyu zhi Lu |
| 著作责任者 | 孔寒冰　编著 |
| 责任编辑 | 丁　超 |
| 标准书号 | ISBN 978-7-301-23559-1 |
| 出版发行 | 北京大学出版社 |
| 地　　　址 | 北京市海淀区成府路205号 100871 |
| 网　　　址 | http://www.pup.cn |
| 新浪微博 | @北京大学出版社 @培文图书 |
| 电子信箱 | pw@pup.pku.edu.cn |
| 电　　　话 | 邮购部 62752015　发行部 62750672<br>编辑部 62750883 |
| 印刷者 | 北京市松源印刷有限公司 |
| 经销者 | 新华书店 |
| | 889毫米×1194毫米 32开本 6.5印张 260千字<br>2015年10月第1版 2015年10月第1次印刷 |
| 定　　　价 | 42.00元 |

未经许可，不得以任何方式复制或抄袭本书之部分或全部内容。
**版权所有，侵权必究**
举报电话：010-62752024　电子信箱：fd@pup.pku.edu.cn
图书如有印装质量问题，请与出版部联系，电话：010-62756370

# "北京大学新中国留华校友口述实录"
# 丛书编委会

顾　　　问：朱善璐　林建华
编委会主任：李岩松
编委会副主任：夏红卫　孔寒冰
编　　　委（按姓氏笔画排序）：
　　　　　　丁　超　王　博　王明舟
　　　　　　王　勇　马　博　宁　琦
　　　　　　任羽中　孙祁祥　孙秋丹
　　　　　　李宇宁　张　帆　陆绍阳
　　　　　　陈峦明　陈跃红　周　静
　　　　　　孟繁之　赵　杨　项佐涛
　　　　　　贾庆国　高秀芹　康　涛
　　　　　　蒋朗朗　韩　笑
主　　　编：夏红卫　孔寒冰

# "北京大学新中国留华校友口述实录"丛书总序

中国的儒家讲究"己欲立而立人,己欲达而达人"的仁道,这一直是中华文明处理与外来文明之间关系的伦理原则。在我看来,"立人"与"达人"的精神,正是我们毫无保留、尽心竭力培养外国来华留学生的思想资源。几千年的历史发展使中国形成了开放包容、和谐共生的文化传统。在这样的传统之下,中华文明不仅有极强的学习能力、调适能力,而且具有高度的文化自觉和自信。我们既能够诚心诚意地当"学生",也常常是其他文明的"先生"。在中外文明交流互鉴的过程中,"留学生"扮演了十分重要的角色。比如,大家都熟知的"遣隋使""遣唐使"就曾极大促进了中华优秀文化走向世界,也深刻影响了东亚地区的历史进程。

北大是近代中国向西方学习的产物，更是中华文明自身发展演进的结晶。大学之所以成为大学，最根本的就在于她具有穿越时空的精神力量和文化价值。大学精神的影响不仅局限于校园之内，更有助于生成和塑造一个民族的精神内核和文化品格，也在某种程度上代表了一个民族对外的形象与对世界的承诺。从创办之初，北大就怀抱着"为五洲万国所共观瞻"的国际化抱负，既致力于"西学东渐"，又始终积极推进"东学西渐"。一百多年来，一代代北大人以开阔的视野和胸襟，秉承着为中国也为全人类培养一流优秀人才的崇高使命，积极发展留学事业。1952年9月，"东欧交换生中国语文专修班"14名外国留学生的建制调整到北京大学，从那时开始，一直到今天大力实施《留学中国计划》和《留学北大计划》，燕园里的外国留学生规模不断扩大，办学层次和教育质量不断提升，先后有来自超过190个国家和地区的逾6万名留学生曾在这里求学问教。北大校园里汇聚了来自五洲四海的青年才俊，大家相互尊重、相互学习、和谐相处、共同进步，使北大真正成为文明交流对话的重要桥梁。

在留学北大的外国校友中，涌现出了很多杰出的代表，比如，现任埃塞俄比亚总统穆拉图·特肖梅先生在北大完成了他的本科、硕士和博士教育。李克强总理到埃塞俄比亚访问时，赠送给他的礼物是北京大学的画册。很多媒体说，这是"师兄弟"会见。我本人也不止一次接待过穆拉图总统。他对北大有很深厚的感情，这种深情，不亚于任何一个中国学生，让人非常感动。德国著名汉学家罗梅君教授在北大学习多年，在中国近现代史研究，特别是中国马克思主义史学在20世纪40年代的发展研究方面，取得了重要成果。我也曾与她多次交流，以她为代表的北大培养的汉学家，热爱中国、理解中国，而且为促进中外学术文化交流做出了不可替代的贡献。CNN北京分社前社长吉米先生，从北大毕业后在《时代周刊》、CNN等知名的外国媒体任驻华记者，多次参加中国两会等重要活动的报道，采访过中国的许多国家领导人，在帮助世界了解改革开放以来的中国方面作出了巨大贡献。他对母校的事情非常关心，2010年至今担任北大国际校友联络会会长，把自己40多年收藏的几百本书捐给了母校。巴勒斯坦前驻华大使穆斯塔法·萨法日尼先生，先在北大学习汉语，后来攻读学士、硕士、博士学位，之后多年担任驻华大使。他和其他许多在华担任外交官的校友一起，为中国和他们所在国之间的友好交往付出了许多努力。多年来，他还坚持从自己繁忙的工作中挤出时间，为母校开设阿拉伯语课。塞尔维亚"东方之家"的副主席玛丽娜校友，20多年来精心耕耘，为中塞文化的传播和交流作出了巨大贡献，2014年12月，李克强总理访问塞尔维亚时还接见了她。在一次会面中，玛丽娜校友曾向我这样讲："我觉得，我既是塞尔维亚人,也是中国人。北大就是我的家。"据统计,从北大走出的国际校友中,担任所在国家部级以上官员及驻华大使的超过50人,活跃在当今汉学界的大批汉学家和孔子学院的外方院长都有在北大留学和从事研究的经历,还有更多的国际校友从事教育科研、公共管理、医疗卫生、经贸合作、新闻媒体等领域的工作。

北大有这么多优秀的留学生校友,这是北大的财富,是中国的财富。这些留学生校友,已经成为不同国家不同行业的栋梁人才。与此同时,他们还是加强中国同世界各国友好往来的桥梁和纽带。他们既是视角更独特的见证者,也是中外文化交流的探索者和践行者。他们讲述着也在书写着中国的故事、北大的故事,他们的经历、他们的成就、他们的思想与情感,都在帮助世界更加全面客观地了解和认识中国,也在帮助中国更好地走向世界。因此,用口述历史的形式,收集和整理北大来华留学生的留学记忆与中国故事,有着重要的学术价值和现实意义。这些生动的记录和个人化的叙事,不仅是对宏大历史的补充,也是十分宝贵的史料,必将有助于北大系统梳理来华留学教育工作在不同历史阶段的发展历程和人才培养成果,也为理解新中国的政治、外交、文化、教育历史,提供一批很有价值的资料。

一直以来,北大都非常重视留学生校友工作,在国际合作部专门下设了一个留学生校友联络办公室,负责联络、服务留学生校友，也注意总结梳理开展留学教育的历史经验，并以出版物的形式整理留学记忆。1998年北大百年校庆时，北大就曾出版了反映留学生学习生活的画册及录像带《海外学子在燕园》。其后，以110周年校庆和纪念新中国接收外国留学生60周年为契机，我们又先后出版了《红楼飞雪：海外校友情忆北大》和《燕园流云：世界舞台上的北大外国留学生》两本文集。这些出版物形象生动地展现了来华留学生的风采，其中蕴含的理念、梳理的历史、总结的经验也已经成为北大外事工作者重要的积累，而且还在全国高校以及海内外几十万北大校友中引起了很好的反响。还有三年时间，北京大学即将迎来120周年华诞，在这个具有重要历史意义的节点上，学校正式启动了"北京大学新中国留华校友口述实录计划"，邀请相关领域的专家学者，对留学生校友中有代表性的人士进行访谈，记录、整理、出版他们的故事。

习近平主席指出："新中国成立以来特别是改革开放以来，党和国家高度重视留学事业，制定和实施一系列方针政策，推动我国留学事业取得了令人瞩目的成绩，留学事业为我国改革开放和社会主义现代化建设作出了重要贡献。"留学工作是我国教育文化事业的重要组成部分，随着中国在经济社会文化的快速发展，国际地位不断提升，国际影响不断增强，留学生工作的地位还会更加重要。"西海东瀛涨落潮，万国衣冠舞九韶"，北大将把实施国际化战略作为学校发展的根本战略，始终坚持立足中国、面向世界、内外融合，努力为世界培养更多具有北大底蕴、中国情怀、国际视野的高素质人才！

最后还希望说明的是，口述史是针对个人在特定的场域空间内对社会和事件表述的研究，在一定程度上超越了民族、种族、国家、性别、年龄等现代"分类技术"的控制，能够真实地呈现行动者在一定社会背景下的社会行动和社会记忆，具有独特的学科特征和研究优势。在策划、出版这套丛书的过程中，编委会提出，要始终坚持严谨的态度，尽最大可能突出其学术价值。不仅忠实于受访者的讲述，并且通过访谈第三方、查考档案资料等方式进行考订、补充，更好地还原历史。此外，在整理过程中，努力保持文字的鲜活，使之可信也可读。当然，由于水平所限，丛书中难免存在不少错谬，敬请方家批评。

谨以此丛书献给所有关心、支持、参与新中国来华留学事业的国内外朋友，献给北京大学 120 周年校庆！

北京大学副校长、丛书编委会主任　李岩松<br>2015 年 8 月

Contents | 目录

001 | 引　言
004 | 第一章　"黑脚"的好奇天性
023 | 第二章　到中国去留学
043 | 第三章　感受中国的语言与文化
066 | 第四章　学文、学工又学农
094 | 第五章　从中学老师到汉语总督学
128 | 第六章　以字带词的汉语教学法
148 | 第七章　传播中国文化不能急功近利
165 | 第八章　我的汉学之路
196 | 致　谢

# 引　言

  2014年的最后一天，白乐桑教授在一封给我的邮件中写道："同样向您拜个早年。今年有幸认识您，感觉已是老朋友。"的确，在这次做北京大学国际校友口述史之前，我与白乐桑先生并不相识。但是，经过在北京和巴黎两地的几天交谈，我觉得他就是我的一位老朋友。无论是在北京大学临湖轩的会客厅，还是在巴黎意大利广场附近他的寓所，白乐桑先生都滔滔不绝地向我讲述他是如何一步一步走上学习汉语、教授汉语和传播汉语之路，偶然和必然、兴趣和执着、探索与发现是如何交织在一起的。

  在世界汉语教学界，白乐桑先生是一位很有名气的人，法国国民教育部汉语总督学、巴黎东方语言文化学院教授、全欧第一位汉语教学法博士生导师、法国汉语教师协会创始人及首任会长、世界汉语教学学会副会长……但是，在他的身上，你看不到这些"官衔"的影子或光环。他言谈是那么平和，待人是那么亲切，衣着是那么朴实。如果只听声音而不看人的话，我就是同一位普通的中国教授交谈。如果只看人不听声音的话，我就是面对着一位普通的法国学者。但是，在平和之下，我感受到了白乐桑教授思想的深邃、知识的广博和追求的坚韧。他行云流水般地向我述说了他如何从对汉语一无所知到以汉语为业，如何从把中国视为月球般的国度到把中国当作第二故乡，如何从中学汉语老师到掌控全法汉语教学的总督学。白乐桑教授告诉我，他原本是学哲学的，理性思维是他的长项。此言不虚，思维的缜密和逻辑的严谨，贯穿着他讲述的始终，恰恰是他如数家珍似的道出的那一件件小事铺就了他人生的成长之路。

听白乐桑的讲述是一种享受。在享受的同时，我还有一种感慨。一个离中国万里之遥的法国人，对中国的文化、对汉语、对汉字是那样情有独钟，是那样的热爱，把学习汉语、研究汉字、传播中国文化作为自己终生的事业，乐此不疲。这是一种什么精神？想想当下的中国，在"国际化""走向世界"等冠冕堂皇的言词下，以卷着舌头说美式英语为荣，以写洋泾浜式的汉语为荣。一个民族不在意自己的语言和文字，所谓的推广也多为用小儿般的游戏充当博大精深的文化。就在我写此文的时候,在瑞典的欧洲第一所孔子学院关张了。这或许就是中国人对中国文化自虐的最好注释。文化是一种融于血肉和灵魂里的东西,传承它、传播它是润物细无声的持续行为。白乐桑教授用他的实践向中国人诠释着汉语、汉字的宝贵,而"只缘身在此山中"的中国人却不清楚,要么妄自菲薄,要么妄自尊大,其实都是在自我摧残中国文化。白乐桑教授的这部口述实录的价值就在于此。

# 第一章 "黑脚"的好奇天性

可能因为后来长期从事教学法和教育理论等方面研究,我一直对个人因素,特别是个人的心理因素非常重视。所以,当自己在汉语教学与研究的道路上越走越远,甚至有了不小的名气的时候,我也不得不开始对自己从小进行反思,特别是思考在我一生中被问得最多的问题——你为什么要学习汉语?你觉得汉语四声调难学吗?我走上汉语之路的因素肯定是多方面的,但从个人角度说,我儿时有哪些因素能促使我后来选择了汉语?这些因素对我选择汉语和学好汉语甚至起一些决定性的作用。

今天,我们在谈话的一开始,您又问了我这个问题。其实,我觉得还是比较好回答您的问题。如果用法文说,我就是出生在"黑脚"(pieds-noirs)家庭,是一个"黑脚",对不同的文化有着好奇的和探索的天性。

您听说过法国著名的文学家、戏剧家、哲学家、评论家阿尔贝·加缪吗(Albert Camus)?1957年10月,他获得了诺贝尔文学奖,因为"他的重要文学创作以明彻的认真态度阐明了我们这个时代人类良知的问题"。加缪是法国人,但1913年出生在阿尔及利亚的蒙多维城(Mondovi)。他父亲在大战中阵亡之后又移居到阿尔及尔,1933—1936年以半工半读的方式在阿尔及尔大学学习哲学。

加缪就是一个"黑脚",意思是生在阿尔及利亚的

加缪(1913—1960)

法国人。

一般来讲，对于"黑脚"的来历有这样一种解释：法军19世纪30年代在阿尔及利亚登陆的时候，士兵穿的是皮鞋，而当地的阿拉伯人是光脚走路。据说就是根据这个小小的细节，从法国本土过去的法国人被称为"黑脚"，意思是穿皮鞋的。

按这一习惯说法，当有法国人问我说你是在哪儿长大的，我说我是"黑脚"，他们也就明白了。噢，原来你是生在阿尔及利亚的法国人。我觉得这不简单地是一个称谓问题。根据我的分析和理解，这里面寓涵着比较深刻的意义。"黑脚"意味着：你是法国人，可又不是在法国本土长大的，也就是说在一定程度上是法国的边缘人。所谓边缘人，指的就是虽然置身在海外，虽然是离法国很近，尤其是跟法国南方文化特别接近。比如我，母语是法语，接受的文化也是法国的。总之，"黑脚"虽然生活在阿尔及利亚，但与当地人还是有很大差别的，当时阿尔及利亚是法国的海外省。

我出生在一个"黑脚"家庭。我的祖先可能是西班牙的犹太人，很早就来到了阿尔及利亚。我爷爷奶奶都出生在阿尔及利亚。再往前说，我的祖先可能是来自西班牙领属摩洛哥，因为它北部有一小部分是属于西班牙的。在那个时候，相当一部分的犹太人都集中在摩洛哥的这个地方。所以，我现在还能记得我爷爷奶奶有时出于情感的原因，还会说出几句西班牙语，尽管他那时候已经是全讲法语了。我小时候接受的全部是法国语言文化了。

我爸爸出生在阿尔及利亚，从事过不少职业，我记得他主要是做会计工作，但同时也在学校里兼课，教授现代希伯来文。我们家庭是很小的，生活水平属于中等，也就是普通的百姓。但有一点，我父亲特别爱好唱歌，不是一般的爱好，特别爱好，而且他的嗓音是非常好的。我为什么指出这一点呢，也是为了回答经常有人问我这样的问题：中文的声调那么难学，你有没有什么好办法？在回答这个问题时，我常常想起我父亲。他除了做小会计以外，最主要的业余活动就是做合唱团的指挥。他不仅喜欢唱歌，而且喜欢做合唱团指挥。所以，我从小一直看着他就是指挥。当然，他是业余的指挥。我为什么提出这个问题，您可能会觉得奇怪。可是，我现在坚信明白一个道理很重要。

我母亲一直是家庭妇女，因为要照顾五个孩子和做家务。我在五个孩子中排行老二。我父母社会阶层不高，但也不算低，属于中等。他们虽然没有受过高等教育，可一直特别重视子女的教育，让我们买书。所以，我们小时候读的文学方面的书特别多，尤其是哥哥和我。

我最近几年多次主持了有许多汉语老师参加的培训

班。我提出的第一个问题是:一个汉语老师应该最像什么人呢?有的中国志愿者回答说,应该最像一个大夫,纠正学生们的发音。我说,大夫不行,因为如果老师是大夫的话,那学生成了病人。我觉得这种比喻不太好。有的说,老师应该最像一个园丁。我说,那只是中国传统的一个比喻,也不恰当。如果老师是园丁,那学生是什么,是花吗?是蔬菜吗?我认为,一个老师,一个外语老师,最应当像一个乐团指挥、合唱团指挥或者导演。我认为,这是最得体的、最好的比喻。这对我后来的汉语教学潜在的影响很大。

此外还有什么?我刚才说了,我爸爸还兼职教授学生现代希伯来语,也就是说教外语。家庭的这种氛围对我后来的选择也有影响。我既是法国人,又不是一个正统的法国人。我现在分析,这些因素可能是决定二十年以后就开始主修一种莫名其妙的、最遥远的语言文字,那就是汉语。或许只有看到了我小时候的环境或者个人细胞,才能理解我为什么选择并且学好了汉语。我敢肯定地说,如果我在汉语四声方面没有太大的困难,那是因为我跟其他孩子相比在语音环境,也就是调子环境方面要丰富多了,丰富好几倍或者几十倍。我从一生下来,父亲给我唱歌特别特别多,就是到现在我对音乐仍然是比较敏感,而且爱好古典音乐。所以,声调对我来说不是问题。我最近一直在考虑我个人的特征,我肯定是受爸爸的影响,因为我见过他教课,知道他的教学方法等。另外,他是乐队的指挥,而且爱好唱歌。这些都提升和丰富了我耳朵的听力和对声调的敏感度。当然,我也是后来才意识到这些,当时肯定也没有意识到。

1950年,我出生在阿尔及利亚西部奥兰省(Oran)第二大城市西迪贝勒阿巴斯(Sidi Bel Abbes)。在学习方面,我一直在阿尔及利亚的法语幼儿园、法语小学就读,后来还上了初中。

1962年,就在初一快念完了的时候,阿尔及利亚获得独立。我跟随绝大多数的"黑脚"赶紧离开阿尔及利亚,回到了法国本土。当时的局势还是比较恐怖的,因为有支持法国统治的,也有主张阿尔及利亚独立的,两派之间冲突得很厉害。我们既不是这一派,也不是那一派,夹在中间最难受。在这方面,加缪写得特别好。他说过,在阿尔及利亚独立期间,最吃亏的就是"黑脚"。"黑脚"是法国人,但不是法国大地主,因为法国大地主是那些刚刚从法国本土过来的人,一般拥有很多很多的土地。"黑脚"却不是,多为小资产者,从事会计、老师等职业,或者做生意。他们的生活水平当然比本地阿拉伯人的高,但又无法跟那些刚从法国本土过来的大地主比。加缪说,最吃亏的就是"黑脚"这个社会阶层,因为他们本来也不是大款,不是富翁,可所有财产都留在那里了。

白乐桑儿时的家

小学一年级(前排左四是白乐桑)

那一年，我刚刚12岁，离开从小住过的房子，赶紧离开了阿尔及利亚。开始几个月，我们家到的是阿尔萨斯地区。阿尔萨斯地区是法国最冷的地方，而西迪贝勒阿巴斯一直天气非常好，就像尼斯那样冬天不冷夏天很晒。所以，由于气候很不一样，我们家先后换了两三个城市，最后定居在离巴黎150公里的兰斯 (Reims)，它也是香槟酒地区的省会，有一座特别漂亮的教堂。由于走了不少城市，所以那个时候对于我来说既是一种感情方面的休克，也是一种文化方面的休克。

从文化上说，我是属于法国南方的。比如说，饮食文化法国也是有区分的，南方是橄榄油文化，北方是黄油文化。我到现在不太喜欢用黄油做菜，是典型的法国南方像普罗旺斯、马赛那一带的人。还有一点很有意思，即南方的知识分子很平民化。我刚才提到的那个文学家"黑脚"加缪经常在公开的场合承认自己是球迷。你知道，在当时也包括现在的法国，知识分子中很少有球迷，他们觉得这是太俗的。可是，加缪因为是平民出身，又是黑脚，所以说自己是球迷。我也一样，从小就是球迷。为什么？因为"黑脚"有这种平民化的传统和爱好。我在现在的知识分子当中还是少数对足球感兴趣的人之一，这是有文化原因的。在阿尔及利亚的时候，我支持我生活的那个城市的球队，它是整个阿尔及利亚的冠军。现在，我支持的是巴黎圣日耳曼队。

法国还有一个著名的哲学家萨特(Sartre)。他是一个典型的法国巴黎知识分子,是比较高层次的。他喜欢在咖啡馆高谈阔论什么的,而很少接触平民或者是接触足球。

加缪和他就大不一样。加缪的母亲是文盲,虽然来自西班牙,但不是犹太人。在瑞典领取诺贝尔奖的时

萨特(1905—1980)

候,他在发言中说到过一句使大家很感动的话:我今天获得诺贝尔奖感到很荣幸,但我最大的遗憾就是我母亲永远读不懂我的作品,因为她是个文盲。

回到法国本土之后,我继续读完初中和高中,1968年通过了高考。然而,当时的法国正闹五月风暴。我当时18岁,正好是高中毕业班。所以,我的高考证书很有意思,它颁发的年月本来应该写的是1968年6月,因为每年都是6月颁发。由于当时很乱,我们的高考证书是7月25号才颁发的。我读高中的时候,法国在基础教育方面的改革就是高中毕业班新增加一门哲学课,是真正的哲学课。这和其他国家不一样,我也不知道为什么。所以,我在高中毕业班时读了一年的哲学。虽然

还有其他科目,但是,我跟不少同学一样对哲学的印象特别深,兴趣特别浓厚。我们上的哲学课有形式逻辑,有认识论,有所谓的伦理,有科学史,有康德,有黑格尔,什么都有。所以,我的印象很深。我哥哥比我大两岁多一点,当时已经在巴黎大学主修哲学了。后来,他当上了教哲学的老师。我通过高考以后,于1968年秋天也进入巴黎第八大学,跟我哥哥一样主修哲学。我当时并不知道这是超越个人的选择,是超越表面一些现象的选择。

当时,我对哲学感兴趣是毫无疑问的,可哪儿能知道一年以后我会主修汉语呢?最近,我经过研究发现,在我们汉学界,在汉语教学领域,同时主修哲学和汉语的比例是比较高的。然而,我当时哪能知道这些呢?根本不知道。所以,我先是主修哲学,我上的那个哲学系是当时全法最先进的。为什么?因为我上的那个学校是五月风暴之后由国家设立的。这是一所在各方面比较先进的大学,尤其是在学科方面。比如说,它当时是全法唯一有电影系的,还有全法也许全欧洲唯一建立精神分析学系的一个大学。它就是巴黎第八大学。另外,正因学科比较全,它也设了一个中文系,为了表明这个大学是比较开放的,因为当时法国已经有了几个中文系。

虽然入学的第一年就知道有一个中文系,可是,我主修的是哲学。后来一个偶然的机会,我踏上了汉语之路。我一般不相信偶然性，可在这一点上我承认可能是偶然的。当时，我们大学是一所实验大学。就在我快结束哲学系一年级学业的时候，校方发了一个通知，说从下一年开始，所有的学生必须同时主修两个专业。我们是在开会时听到这个通知的，当时我就举手，问这第二个专业选择外语行不行。这个问题是我自然地即席提出来的，而不是深思熟虑后提出来的。校方马上回答说，当然可以。学校不是有好几个外语系吗，英语系、西班牙语系、中文系，什么系你都可以去。但是，他们说你也可以去学社会学系，或者经济学系。我说不不不，我去学外语。还是我那句话，我当时不知道我提出学外语是不是合乎我的一些可能是内在的动因。我当时还不知道。可是，这的确是自然的，不光是兴趣，还可能源于一些自然的动力。这些动力来自哪儿，很可能就来自于我小时候，我父亲营造的那个歌曲环境。

所以，1969年开学后，我除了上哲学系二年级之外，我就直接去了西班牙语系。为什么要学西班牙语呢？我在中学学过西班牙语，它对我来说一直很容易。当然，这还是一个自然的兴趣，我当时并没有太想我祖籍可能是来自西班牙。我只是觉得比较喜欢这种语言，而且离法语比较近，不像英语那样。

于是，我就去注册西班牙语系，开始一年级的课。我现在记不得是两个星期还是三个星期时我就做出了一个完全改变了我一生的选择：放弃了西班牙语系，直接去中文系注册。在一定程度上我可以说，为什么去学习汉语，当时并不是非常清楚的。清楚的是什么？那就是放弃西班牙语，因为我当时觉得西班牙语与法语太相近。表面上看，这可能是太普通的选择。我当时没读过任何心理学方面的书，还不知道自己属于 AB 两类中的哪一类，如是听觉的还是视觉的，是演义的还是归纳的，是内向的还是外向的等等。

根据美国的现代心理学，学生们的专业选择，一类人是基本上向往遥远新鲜的陌生的专业，另一类人是选择熟悉的或相近的专业。根据我最近的总结，我显然属于第一类，也就是无论编写什么著作还是个人的选择，都愿意去发现。所以，我记得非常清楚的是，放弃西班牙语的原因，就是因为它对我来说太容易。我虽然喜欢这种语言，可它对我和法语来说太相近了，太普通了。我在放弃西班牙语的同时，去中文系敲门。就是在中文系秘书办公室门上的"中文系"三个字吸引了我。对我来说，这三个汉字太有魅力了，是它们改变了我的一生。

很遗憾，汉字的魅力被中国人自己低估了。我们都知道，自从 20 世纪初以来，中国文字遭遇到中国知识界和政治家的无情批判。就是在目前，我觉得中国学术界经常把汉字当成一种包袱，有一种自卑情结，甚至企图用拼音文字来取代。他们把中国文字看作是烦琐的东西,是当时中国积贫积弱的原因之一。但是,对于许多外国人,至少对我而言,初次接触,汉字绝对是正面的。它们一方面美观,另一方面还很神秘。我提醒大家,在西文特别在法文中"神秘"绝对是一个褒义词。我感觉到,这个词在中文中的意义有时候微妙一些,有时候好像有一点点贬义。但是,我讲汉字神秘绝对是褒义的。神秘的意义就在于吸引人们愿意去发现,正因为神秘,所以,人们才愿意去发现。到现在你问法国普通的老百姓对中文有什么印象,他们还会说很神秘。中国也一样,尤其是过去的中国,我那个年代的中国也是神秘的,但这个神秘绝对是褒义的,人们很想愿意去了解或发现。但是,对我们来说,英国不神秘,英语也不神秘,因为太相近了。

于是,我就开始敲门。进去之后,秘书问:"你有什么事?"我说我是哲学系的,现在学校不是要我们主修第二个专业吗,我想学一点点中文行不行。他比较幽默地回答说:"欢迎,但那个专业的学生少得可怜,只有六个同学,加上你就七个了。他们已经上两三个星期的汉语课了。"我说:"那好吧。"就这样我开始走上学汉语之路了。我记得一清二楚的是,没多久,其实过了第一个星期,我就被汉字迷住了。

到了 1969 年 10 月,我学会了十几、二十来个汉字。这时我做的是什么呢?马上去找中文读物,当时偶尔也可以从图书馆里拿到《人民日报》什么的。拿到这些中文报刊后又做什么?这很有意思。我后来发现这不止是我的习惯,而是很多很多汉语学习者的习惯。那就是在学会几个字或者十几个字之后,找来任何一个中文读物,从中查看学过的字在哪儿。比如,学过"天"字、"女"字、"雨"字,你就查一下。花一定的时间,最后能查到,雨,下雨的雨就在这儿,女字就在这儿。但是,这篇文章什么意思当时你肯定一点都不懂。

这个效果很有意思,花了那么长时间就查到你学过的这几个字,整个文章的意思百分之百都不懂。你本来应该失望嘛,可效果正相反,你是非常的激动非常的自豪,很有成就感。我后来才知道,这不止是我的习惯。其他汉语学习者跟我一样,学过几个字就想查一下,哪儿有,哪儿能找到,而能认出来找出来就非常有成就感。所以,不像中国人自从20世纪包括到现在一提汉字就说汉字难。中国人忽略了一点,那就是正好因为汉字,才有200年前的雷慕沙(Rémusat);正是因为汉字,才有后来很多主修汉语的人。没有汉字,我今天就不可能在这里接受你的访谈了。

我这个人本来听觉是非常敏感的,可汉字是视觉的东西,这更激发了我的兴趣,因为汉字是很陌生的,因为汉字的透明度是零。如果看英文,因为与法文很相似,很透明,所以,我能猜到它的意思。可是,如果不认得汉字,你就不知道它是什么意思。比如,你会说"谢谢",可你若没有学过汉字,"谢谢"这两个字摆在你的眼前,你都不知道这就是"谢谢"。

正因为透明度几乎是零,我就特别愿意发现汉字后边有什么,汉字后边是什么境界。所以,我觉得我的发现精神、挑战都与汉字的神秘有关。其实,在发现这个汉字神秘之前,我对中国几乎没有任何了解。后来,我当汉语老师的时候,也经常问我的学生:"你们为什么学习汉语?"有的学生说是因为我小时候听过什么关于中国的故事。我不属于这一类,我第一次听到一点点关于中国的信息是在高中毕业班的哲学课上,哲学老师偶尔会提到有关中国思想方面的东西。他讲的虽然很少,但引起了我的兴趣。除此之外,我从来没读过任何中国文学,不知道有关中国的任何传说。

所以,我学习汉语的真正动机就是感到它很神秘,想去弄明白。我记得非常清楚,我刚学过几十个汉字,马上就拿人民日报或者什么中文报纸想看一看,经常坐地铁时错过车站,因为特别想查到我学过的字。这就是目的,没有别的目的。比如,女字就在这里,文章的意思是什么我不知道。也就是学了一个星期的汉语,我就在那些不是学中文的同学和朋友面前显摆了,按我现在的话就是开始传播汉语了。当时我做的也很简单,写一个天字给他们看，然后问他们知道这是什么汉字吗，他们当然说不知道。于是，我就很自豪地，甚至也不只是自豪地向他们讲解，说这是"天"字。为什么要这样做，这可能是因为我特别喜欢汉字和喜欢传播汉字。我后来发现，不止我是这样，很多很多西方人也是这样的。你们知道，古埃及文字的最后解码者就是一个法国人，好像西欧人就对那些古文字兴趣比较浓厚吧。反正我是这样开始的。那时候，我经常给我的朋友看一些汉字，我先写出来，然后让他们猜猜。他们当然猜不着，最后，我告诉他们是什么意思。他们当然马上就显示出了兴趣，而我一发现他们对汉字的兴趣是我激发出来的，就更加感到非常自豪。

我再跟你们说说我们大学中文系的情况吧。中文系教课的老师中，法国人、中国人都有，中国老师的情况当然比较特殊，因为那时没有中国公派的教师，法中文化交流也中断了。中国在"文革"以前有向法国公派的老师，因为中法建交很早，是在1964年。所以，我说的中国老师有的是长期居住法国的华人，有一些是兼课的，还有的是台湾人。其他一部分老师是法国人。我们上过的课有文言文，有现代汉语，当然是以现代汉语为主，以简体为主，识繁写简，认识繁体字可是写的是简体字。也就是说，我从来没有真正的学会写繁体字，只是认识。在语言方面有语法课，有汉法、法汉的翻译课,有口语有听力等等。其中,文言文课是一位法国教授上的。现代汉语课大部分是中国人上的,只有一门现代汉语语法是法国人上的。

在老师当中,有一位姓丹尼斯(Denes)的女老师,她可能是所有的老师当中最好的,很年轻,那时只有27岁。最近,我在1964年1965年头两批法国留学生的老照片中终于认出了她。丹尼斯老师是1964年或1965年在北大读过书的法国留学生,从中国回来后就开始教中文了。但是,丹尼斯老师不到30岁就得癌症不幸去世了。她真是最好的一位老师,汉语很棒。在教我们的老师中,还有一位姓奥利弗(Olivier)的瑞士人,汉语虽非母语,可他的汉语好得不得了,虽然那时我从来没来过中国,但凭感觉能辨别出他的语音非常纯正。这个瑞士人虽然我后来一直没有关于他的任何消息,但也在去年拿到的北大1964年和1965年留学生的老照片中认出了他。他也比较年轻。他后来做什么,我就不知道了。然而,我不能忘记的是,这位瑞士老师经常跟我们说,你有机会一定要去中国。这是我第一次听到去中国这个说法,给我印象比较深。另外,我们还上了一些其他中国文化课和中国历史课。前者主要有现代文学,鲁迅什么的,后者主要讲中国古代历史或者现代历史。

我还记得一个有趣的故事。我上的第一堂课是一位台湾人上的语言课,他叫赖金南,人挺好的。他在课堂上说，汉语是没有语法的。我们一听都高兴万分，因为我们学的语言都是有语法的。下课以后，我们几个同学就开始交流，认为老师说的是不是有点过分，因为没有语法的语言可能是没有的。可是，当初他就是这么说的，从法文角度看，汉语就是没有语法的。在当时，法国的汉语教学还没有任何真正的教学方法，教学效率也比较低。说实话，教我们的现代汉语老师尤其是语言老师没有真正的教学手段，教学效果也不好。可是，我们学习汉语的兴趣还是很浓厚。我们那时学汉语没有任何就业计划，连一点点就业计划都没有，这方面的计划绝对是零。学习汉语完全出于自己的兴趣，自己想学。

所以，按现在的话，我当时学的是月球语言。月球的意思就是说非常遥远，是不可能去的国家的一种语言。最近有人问我，你有没有计划去台湾？这一问我才意识到我从来没想过这个问题。当时对我来说，中文就是中国。我当时为什么没有想到去台湾，可能是因为没有听说有这方面的文化交流，如助学金。我反正就没想过，觉得是没有任何去中国的机会，也没给自己确立任何就业的目标。过了半年一年两年，我父母、我的朋友就发现我已对中文着了迷了。我虽然主修哲学和中文两个专业，可对中文的兴趣特别浓，是全身心地投入。所以，他们开始为我担心，为我的就业担心，说那你以后怎么办。我当时只能回答:"对,这是个问题。"我没讲,说不定中国会开放。我从没想过,觉得中国就是封闭的。可无论如何,我对汉语还是入了迷。

入迷到什么程度?我当时所有朋友几乎都可做证。我有哲学和中文两个主修专业,可我的朋友我的同学见到我的时候都会这样和我打招呼:"中国人你好!"他们给我起的一个外号就是"中国人",法文是 Chinois,英文是 Chinese man。为什么会这样,因为我们见面的时候,我主要对他们讲关于中文,关于汉字,关于中国语言等方面的内容,较少讲哲学。所以,他们也包括我父母开始问我:"你毕业后打算做什么?"当时,我好像是这样回答的:"我知道学汉语可能没有任何就业价值,但中文的学士学位毕竟是文科,可以拿这个中文学士学位在法国教法文。"但是,这到底可行不可行,我当时也不知道。

## 第二章　到中国去留学

每个人在他的一生中总会有几个时刻是难忘的。对我来说，第一个难忘的时刻是1973年5月15号下午，大概是下午两三点钟。当时我正在学校里，再有一个来月我就大学毕业了，正处在学习中文与就业之间的纠结当中。这个难忘的时刻就是我得到了一个消息，中国恢复了同法国的文化交流。为什么说中国恢复了呢？那是因为中国在"文革"开始后中断了与法国等国的文化交流。这时中国又宣布恢复与法国等部分西方国家的文化交流。在当时，文化交流的主要内容就是互派留学生。我们当时对文化交流这个概念不是很清楚，但对中法互派留学生感兴趣。我们问学校有关人员，留学生有助学金吧?他们说对了,你们会拿助学金的。有了这种机会,我们该怎么办呢?他们说,你们赶紧去外交部,领取申请表格。以后有没有面试,现在还不知道。

这一切就发生在我快要放弃中文的前一个月。于是,我就跑到外交部拿了一张表格。我记得,表格中让我们填写研究计划。我们哪有什么研究计划呀?所以,当时在填写表格的研究计划一栏时,我现在也不知道填了什么,大概随便写了两三个研究计划,因为我从来没有进行过研究。然后,我就将表格交给学校了。

在1972—1973年最后一个学年中,我正在写毕业论文。本来中文系的学生人数就不多,到了三、四年级的时候,学生就更少了。可是,我还是坚持到底了。我们人数虽然很少,但也得写一篇毕业论文,差不多有一百页。虽然知道我们那个中文系的文凭就业价值等于零,可是,我们还是没有放弃,所以,必须得写一篇论文。当时,我对成语典故特别感兴趣,可能是因为我学过哲学的原因吧。于是,我就去找我的两个同学,对他们说我有一个想法,你们看看行不行。他们也要写毕业论文,但写什么还没有主题。所以,当我说我有一个想法的时候,他们就问是什么想法。我说,我们不是对成语故事感兴趣吗,咱们把那本中文的现代汉语成语小辞典译成法文并加以解释。它一共有三千个成语典故,我说我们三个人,每个人承担三分之一。具体做法,第一是翻译，找出一个与它对应的约定俗成的一个法文说法。第二就是对那个典故加以注解。我还建议，每个人也写一个关于成语的导读。这样比较实用，一方面是可以继续提高我们的语言水平，因为那时我们的汉语水平毕竟还是有限的。另一方面，这样翻译出来的东西也比较实用。我问："怎么样？"他们说："好，同意。"我们就按分工各自动手进行了。结果，他们没完工，我完工了。1973年5月，我通过了这一千个成语的论文答辩。在论文的评委当中，有一位教文言文的知名教授，中文名叫吴德明（Yves Hervouet），还有我说的那位丹尼斯教授，她一两个月后就去世了。

正好在那段时间，也就是说参加论文答辩的时候，我已经知道我去中国留学的申请已经由学校转交给了外交部，但要求去中国留学的人数还比较多，我当时算最年轻的一个，已有许多人在排队了。其中，有一个比我们大五岁，他现在已经退休了。他就是贝罗贝先生(Alain Peyraube)，后来跟我一起留学北京大学，并且成了一位著名的汉语言学家。我跟他比较熟，他比我们大五岁。我觉得，外交部当然要优先考虑他，我当时是比较年轻的。当时还没有面试，也不知道外交部选择的标准是什么。但无论如何，最终我还是被选上了。

那一年，中国给法国选派交换生的名额特别多，有三十个。你知道，当时中国对外交往中是区分资本主义国家和社会主义国家的。法国当然资是本主义国家，可是按名额来讲，法国是唯一的资本主义国家在名额方面最接近于社会主义国家的。法国三十个名额，阿尔巴尼亚四十二个名额，意大利与英国分别是八个和九个名额，瑞典三个名额。可能就是因为名额多，我才被选上，当然也有很多没有被选上的。所以，这个结果我完全没有想到。但是，没有想到的事情突然就这样发生了。教育部公布了一个名单，里面有我。当时，我特别高兴。

不久，外交部召集我们这些被选上的人去开会，负责留学事务的官员向我们介绍了一些有关中国的信息，包括日常生活当中的信息。别忘了，当时也没有旅游业，我们对中国的情况一无所知。所以，开会的时候很有意思。我们认真地记笔记，他们向我们通报了一些比较古怪的信息。其中，有两个我印象最深。一个是"中国的电压是110伏"。当时，我就想，法国电压都是220伏的，电压不对，我刮胡子怎么办？我想的也是一些比较古怪的事情。结果到中国以后发现，中国的电压跟法国是一样的。为什么外交部官员那样说呢？我后来才知道，只有三里屯使馆区的电压比较特殊，全中国的电压都是220伏。另一个是"中国没有洗发香波"。教育部的官员说："好，请你们记一下，中国商店没有洗头发的香波。"我到现在也没有弄清楚他们是从哪儿得到这个消息的。开完会回来,我们就犯愁了。我们在中国可能要待一年啊,不洗头怎么行?当时不知道我会一待就是两年。其实,到北京之后,我第一次到学校周边的商店转了一圈之后就发现中国是有洗头发用的东西的。

这些信息当然是从法国驻华使馆传过来的。但是,法国使馆工作人员应该知道至少北京友谊商店是有这些东西的。可是,我们为什么会得到相反的信息?我一直觉得这个问题挺有意思的。另外,在这次会上,他们还告诉我们中国有人民币呀什么什么的。但总体来讲,我们对中国的日常生活情况其实一点都不知道。

知道了自己被选派到中国留学之后,我非常激动,在做随时出发的准备。所以,在1973年的夏天,我决定休假的时候不要走得太远,因为不知道什么时间离开法国。我觉得要做好各方面的准备。所以,我当时就在法国境内等待着消息。8月份当然是休假的时候,不可能有什么消息。到了8月底,也仍然没有任何消息。到了9月份,我去外交部问,负责的官员说:"我们不知道你们什么时候能去中国,还是等消息吧。"那好吧,我只能等着看。后来我才知道,当时中国正处于"文化大革命"后期,接待外国留学生的各方面都没有做好准备,北京语言学院刚刚复校。所以,我们才等了很长时间。本来,我以为自己很快就能去中国了,已经通知我的父母说 9 月份就要离开法国。我父母说，你 9 月份走，那什么时候回来？我说不知道。他们不信，说你走得那么远，怎么会不知道什么时候回来。我说真的不知道。我的意思是很可能学一年，但两年或更长时间真的不知道。9 月份过了，没有消息。10 月份过了，也没有消息。最后，可能是 11 月初，法国外交部传来消息说，我们是 11 月 18 日出发。

在此之前，大概是 9 月中旬，巴黎西郊的凡尔赛学区给了我一封信，聘用我在中学当临时教师。法国跟其他国家不一样，当时在中学就已经有正规的汉语课程了。课时虽然不多，但是正规的。欧洲其他国家包括美国在内都没有这样做的。所以，在这方面法国确实走在世界的前头。我好像是在开学不久收到这个聘书的。当然，我很快就去了那个学校，但不是去上课。我很自豪地说，我是专程过来告诉你们的，我可能过了几个星期就要去中国留学了。但是，他们说没关系，你能不能现在马上开始上课？因为除了你，我们没有找其他的人。我说，那好吧。于是，在我的人生中，就有了第一次教中文的经历。我现在还保留着那个月的工资单，是 9 月中旬开始教课的。不知是他们通知的缘故还是别的什么原因，总之我错过了 9 月初的开学。这是我第一次开始使用中文去工作了，是教高中生的正规中文课程。那些高中一到三年级的学生在高三高考的时候要考汉语，直到现在很多国家在汉语学习上也达不到这种规模。

在这所中学教了两个月的中文课，我终于要去中国了。人的生日都只有一个，可我却感觉像是有两个生日。1973年11月18日是礼拜天，下午4点，我们30个法国留学生乘法国航班前往中国。这个时间，或者说北京时间11月19号晚上22点，是我第二个生日。这种感觉是我自己的，但一点也不过分。从此之后，我的一生才真正与汉语、与中国分不开了。

我们的机票是法国政府提供的。当时戴高乐机场还没建成，所以我们是在巴黎南郊的奥利国际机场起飞的。当时，法国和中国之间没有直达航线。这个航班是巴黎飞往东京的，要经停好几个地方，其中包括北京。第一个经停地是意大利的罗马，停了两个小时。然后，飞机又落在了埃及的开罗。停靠开罗机场时，我注意到机场漆成蓝色的伪装后面，有一挺警戒用的机枪。飞机在这儿也停了近两小时。第三个经停地是巴基斯坦的卡拉奇，土地的颜色显示出这是一个平坦而又贫穷的国家。飞机最后经停的是缅甸的仰光，这里潮湿闷热，我真后悔走出舱门。在这儿也停了近两个小时。经过漫长的旅行，飞机最后终于在19号晚上的22点左右到达了北京。

在这个航班上的乘客就是我们30个法国留学生，没有其他任何游客，更没有中国人。后来我才知道，这是一个廉价的航线,所以飞机在中途多次经停。在飞机上,坐在我旁边的是一个男留学生,他的名字叫卡里诺夫斯基(Marc Kalinovski),他祖籍可能是波兰。后来,他起了个中文名字叫马克。现在,他可是一个著名的汉学家,专门研究中国的阴阳五行说。我们坐在一起仍然是个偶然,虽然我不相信偶然性,可是偶然还是出现了。他告诉我,他对哲学特别感兴趣。本来我们根本不认识,可是,他一看是我就问:"你不是写过一本书吗?"的确,我刚刚出版了一本跟哲学有关的小册子,书名叫《哲学与保存西红柿》,当年我才23岁。我很惊讶地问:"您怎么知道?"他说:"我读过,对它也很感兴趣。"

这本小书就是我在哲学系的硕士毕业论文。当时中国的报纸报道说,一个司机报告自己心得,题目是"我怎么通过学了哲学,安全开了货车20年"。还有崇文区菜场里一个普通售货员说:"学了哲学,我才改进了保存西红柿的方法。"我的毕业论文写的就是中国的当代哲学,副标题就是"哲学与保存西红柿"。这本书介绍了中国当代哲学和古代哲学,当时博得了法国《世界报》的好评。后来我去看一个书店老板,本来是说围棋的事情,他看我夹着一份资料,就要来看。我很不好意思,说这是我刚刚答辩的论文。他坚持要拿来看看。这又是一个偶然,他下决心出版我的论文。我不肯,觉得不是很严肃，拗不过他的诚意最终答应了。但是，我提出了一个要求，那就是这本《哲学与保存西红柿》。我喜欢这个标题，因为它可以让人产生那个时代的联想，是原汁原味的中国式哲学。他一口答应下来，于是我的第一本书出版了。若干年后，一位朋友来看我，说送我一个惊喜。我打开一看，原来我的《哲学与保存西红柿》已经被翻译成了西班牙文。

经过漫长的飞行，飞机终于要降落在北京机场了。当然，这是原来那个老的机场。我们当中有的人激动得不能控制自己，飞机还没落地就想站起来，想最先看看中国是什么样子。我记得我便是其中的一个。虽然天已经黑了，但是，我还是想早点看看中国。说有点像到了月球上的那种感觉一点也不过分。所以，我对中国的初步印象是还没有落地的时候，还有 10 秒钟落地的时候。飞机落地之后，我发现外面的机场很暗，灯泡亮度很低。机场附近的路上也没有灯，更看不见有骑自行车的。下了飞机，我们老远就看到了一幅很大的毛泽东的画像立在那儿。在候机楼等行李的时候，我发现就在地上有一块小黑板。这块小黑板的用处或功能是什么？原来，上面是写着当天的航班信息，如法航的某某航班，可能还有另外一个航班。就这么一个小黑板！这在今天几乎不可想象。很遗憾，我当时没有用照相机把它拍下来。这些就是我到北京或者说到中国后最初的印象。拿到行李出来之后,我们见到了北京语言学院派来接我们的老师,然后上了大巴车就去北京语言学院了。

几天后,我在给家里的一封航空信中写道:"亲爱的父母,我们刚到北京,旅途当中很辛苦,飞行时间22个小时,估计很快就能进城参观北京了,这里完全是乡下。这里很冷,可是天空蓝蓝的,中国人穿的衣服很合适,所有的衣服都是填了棉花的。"我想特别指出,上个世纪70年代的时候,北京语言学院所在的五道口是非常荒凉的。

我还想讲讲你刚才问到的1968年法国五月风暴及其对我们这一代人的影响,它还涉及如何理解我们这些年轻人学习中文的动机问题。当时,您知道,不光是法

当时的北京语言学院

国也包括其他西方国家都是有激进派的，而且有各方面的激进派。法国由于平时在许多方面就是比较激进的，所以，1968年才出现了一个影响比较大的五月风暴，有许多罢课、罢工什么的。当时，我在高中毕业班，还没上大学。其实，大学生在这场风暴中才是最积极的。

我记得，我第一次参加游行就是在那一年。那次可能是抗议美国的游行，当时不是越南战争还在进行当中么。不管怎么说，反正大部分的学生都是所谓的左派。我记得比较清楚的是，我们高中毕业班在1968年3、4月份就开始有点所谓的"乱"。我们这个班一分为二，有两派，但其实并没有反对派。一派比较现实，说我们快要高考了，大家也不要过分地去闹，因为毕竟要参加高考，还是老老实实做准备吧。另一部分同学说，

看来这个运动规模很大，有一点划时代的意义，我们从来没有经历过的。所以，他们主张积极参与，高考以后再说。我就属于后一派，也就是说要参与当时的学生运动。在我看来，高考当然重要，但国家会有所调整，而运动不能错过。我当时就是这样认为的。

那时，法国年轻人特别是大学生上街游行想要干什么或者说要达到一个什么目的？其实简单地说，他们就是理想主义者。如果你越过时代背景，我觉得任何国家的青年都有或者这种形式或者那种形式的所谓的理想。尤其是这个年龄的人一定要有这种或那种理想，否则在他们的人生中可能缺一点东西，或者说他们的眼界不一定是足够的开放。比如说，现在西方国家虽然少了具有政治色彩的运动，可是环境保护、保护生态的激进运动还是经常发生的。在这方面，我觉得最激进的还是青年，而且是有一定文化的青年。所以，我说的理想就是广义上的，当时的年轻人确实有政治色彩的理想。有的是想改变所谓的生活，有的是想改变社会。有的是想反对美帝国主义，当然更多的情况是这些想法都融合交叉在一起。有的可能更特别，那就是他们拥护中国的"文化大革命"。但是，他们所理解的"文化大革命"不是真实的，因为一般来讲他们对真实的"文化大革命"也不了解。以我个人的分析，在一定程度上，他们只是抱有某种理想的，看一

点毛泽东语录或者什么革命原则。有时我就在想,如果伏尔泰度过了1968年,那他肯定是亲华派。为什么?伏尔泰当然对中国的情况知道一些,可不会是一个什么汉学家。他为什么对中国那么感兴趣,是为了中国吗?不是,是为了法国,是给他的思想提供一些非常先进、非常开放的证据。所以,在一定程度上,当时法国青年当中才有所谓的毛派,毛派就是亲华派。

现在有人攻击他们,我觉得这不太理性了。这些青年人不真正的了解中国,甚至对中国根本不了解。可是,他们非常支持从中国过来的一些原则和一些语录。他们这样做是为了要改变法国社会,改变法国生活,可以改变什么什么等等。有人曾对我说,巴黎第八大学中文系的学生都是激进派,都是政治方面的激进派。也就是说,那个时代来华留学的法国学生主要出于政治动机。早在几年前,我就已经意识到这种说法是没有任何根据的,可这却是非常流行的说法。这涉及如何看待60年代如1964年、1965年来中国留学的法国人,他们的动机是什么?再比如,像我是1969年才开始学汉语,当时五月风暴刚刚过去,中文又没有就业价值。如何看待我们学习中文的动机?所以,很多人说,我们这样做只能是政治上的原因。我现在和将来都明确地认为,这种观点是完全错误的,没有任何根据。不仅如此,我还会拿出相反的证据,说明主修中文学生的政治觉悟其实相对其他文科专业学生的要低得多。

我们这批法国留学生就是最有说服力的例子,因为我们不是三四个人,而是三十个人。我现在可以列出了这三十个人中大多数的名单,可以告诉你,他们跟大部分人所想的完全不一样,甚至是对立的。在这三十个人中间,没有一个加入法国共产党、毛派组织或者其他极左组织,三十个人当中没有一个真正参加了某种政党或政治组织的的,一个都没有。然而,在当时的法国,社会学系、哲学系或者其他文科系,三十个学生当中说不定有一半或者是三分之一正式参加了一个极左组织，其他部分也可能经常是参加游行等等。可是，我们这三十人当中没有一个人这样做。所以，真正值得思考的问题还是他们为什么来华留学？我可以告诉你，肯定不是什么政治原因。我还可以告诉你，我的一些朋友在法国学生运动中是有组织的和极左的，但他们当中没有学中文的。不仅如此，他们知道我学中文之后，还觉得很奇怪。他们这些属于所谓的毛派或毛主义的组织或其他极左组织的人没有学中文的，我们来华留学的人当中也没有一个参加这样组织的。其实，这些激进的学生只觉得中国好玩和奇怪，所以提倡一些同中国"文化大革命"相类似的原则，背诵毛主席语录之类。其实，他们是乌托邦主义的、理想主义的，都是跟中国的实际情况，包括中国古典文化等没有任何联系的。

我们学习中文的学生则完全不同，动机是最值得研究的一个话题。我们学习中文与这些表面现象其实是没有任何关系的，可能要看一些内部或者外部的影响因素。我所说的外部因素不是指正面的，因为当时我们不可能有靠中文就业的这个外部动机，所以我们的动机只能是内在的。

那么，我们学习中文的内在动机是什么？二百多年前，著名的法兰西学院就设立了西方国家第一位汉语汉学的教授席位，出现了第一位汉学家，他的中文名字叫

雷慕沙 (Remusat)。雷慕沙教授的动机是什么?

1964年、1965年来华学习的法国留学生中,有相当一部分还健在。我觉得,太值得去问他们这个问题了。可以仔细询问他们的家庭背景,小时候做什么,有没有学过别的外语,听没听过关于中国的故事等等。如果做得比较细,就可以发现,他们的内在动机可能是无意识的,或者说有相当一部分的人动机是无意识的,在1964年或1965年,中国对他们来说确实像月球一样遥远,也就是不可能去的国家。

雷慕沙教授 (1788—1832)

我那时学汉语不是兴趣班,是主修。我这样做当然有多方面的原因,有的与法国整个背景有关,但跟政治无关。这个背景就是汉学汉语的底蕴,汉语、汉学在法国一直就有比较特殊的地位。经过最近几年的研究,我发现,在这些方面,法国一直领先于其他西方国家。所以,我想知道,这个规律性的现象是什么原因造成的。这样做,我觉得才有意思。当然,这跟教育心理学有关,学习动机现在已经成为一个学术话题。对这个问题，近些年来，其实我花相当多的时间来思考。

在我们第一批30个交换生中，我现在能回忆起来的有22个。现在有8个教授级的博士生导师，都是汉学家，比重相当大了。其余的统计一下，现在从事和汉语或者和中国有关的工作的，大约有7个，合起来正好是30个人的一半。他们中间有汉语老师、法中旅行社职员、研究员、书店老板等。除了前面提到的卡里诺夫斯基之外，下面我再介绍几个我印象比较深或交往比较密切的同学。

在我们同学中，有一个男生，平日一脸严肃。在语言学院学习的时候，有一段时间忽然发现他经常逃课。我好奇地问：你很长时间没来上课，是不是生病了？他说去了离语言学院不太远的圆明园。我当时并不了解什么是圆明园，那时候还没有开发旅游。他的专业是考古，经常去是因为在那里做研究，比如拓片什么的。他就是现在大名鼎鼎的集美博物馆馆长德罗士先生。因为是同辈同学，我们保持着特殊的关系。我有时带学生去参观集美博物馆，常和他联系。他说："下班的时间来，我带领你们参观。"这是大家都很梦想的参观时间。集美博物馆重修之后，就是由他带着中法领导人参观新馆的。

贝罗贝是我们那拨年纪最大的，属马，当年28岁，第二年根据专业上了北大中文系。回国之后，他很快成为汉语语言的权威,属于历史语言学范畴。7年前继续做博导的同时,他调到法国教育部的科研部,做评估专家,国家科研中心副主任。兰克利(Christian Lamouroux)同学在北京大学历史系学成回国以后,比我晚一点考取中文专业老师资格证,专门研究宋代淮河水利问题,也是博导。白罗(Thierry Payrault)同学是中国经济专家。乐维(Jean Levi)同学重新翻译过《孙子兵法》、《商鞅变法》等。勒挪(Francis RENAUD)同学在科研中心搞中国汉语语言研究,十分高深。还有三个同学也应提及。一个教对外法语专业,叫阿乐克桑德尔(Yves Alexandre)。另一个叫赫尔兹(Solange Horz)后来成为中法很有名的旅行社——中国之家的负责人。还有一个叫欧明华(Francois Hominal)因为学的是数学,所以出了一本书——汉法双语《数学词典》,现任利氏学社社长。

于莲(Claire Julien)同学在复旦大学学中国文学,回国以后,中文水平足以考过中文专业师资合格会考。但是,她想为中法交流做些事情,很快就被聘为凤凰书店的职员。凤凰书店是巴黎很有名的,主要经营中文书籍、期刊,还有中文教材。当时的书店老板是一个左翼法国人,20世纪50年代以法文专家身份在中国工作过。这个人后来写了一本《中国电影史》,很权威。

于莲后来拿到那个书店的股份,成为管理者之一。

留学时代的于莲

凤凰书店可圈可点,它是全欧有关中文、中国文化最大的书店,德国、英国的汉学家路过巴黎,这家书店是绝不可错过的。1979 年,因为极右分子闹事,极少数的法西斯分子往书店扔了燃烧瓶。没有人死亡,但不幸的是,当时于莲正在地下室书库,她费力地爬上来,胳膊和脸都烧伤了,留下了很明显的疤痕。我去医院隔离室看望她,对于爱漂亮的女孩子来说,那次意外真是灾难。但是,她的性格很坚强,那次劫难没有让她放弃书店生涯,现在她已经是书店的老板,经常到中国,乐呵呵地给她的顾客介绍中国的书籍。

我们这些同学,因为来中国而大大地改变了自己的生活,到中国来是我们生活中一个非常重要的事件。对于我个人来说,在中国的这两年,对我一生的影响非常大。如果让我的同学来回忆来中国这件事情,他们讲的都是一页值得珍藏的历史。

在中国留学的法国同学

# 第三章　感受中国的语言与文化

1973—1975年间，我在中国北京留学两年。第一年，我在北京语言学院（现在的北京语言大学）进一步学中文。后面一年，我在北京大学专门学哲学。对我而言，这两年既是漫长的，又是短暂的，在我的人生中留下了许多难以忘怀的记忆。更为重要的是，在提高汉语言能力的同时，我一步一步接近了原本十分遥远的中国和中国文化。

在法国的时候，说中国就像月球一样遥远还是想象的。可从到中国的那一刻起，我就切身感到这种遥远是实实在在的，因为两国文化太不一样，相互之间太不了解了。

与我们会面之后，北京语言学院负责接待的老师问，你们的中间谁是负责人？按今天的意思来理解，就是你们这些学生当中，班长是谁。我们一听就明白了他的意思，就说没有。听我们说没有负责人，这位老师觉得很奇怪，于是就告诉我们，那好吧，你们现在决定谁是负责人。我们一听，谁都表示不愿意当负责人。他又说，谁不愿意当，那就是选上一个班长。我对这几句对话记得非常清楚。这是我们到中国后的头几句对话，真实的用中文进行的对话。我们的中文水平当然很有限，可是基本上能听懂。通过这第一次对话，我已经感到法中两国在文化上的差异了。

说了一会儿话，我们就上了去学校的大巴车了。从离开巴黎到北京一共用了22个小时，而这时已经夜里11点多了，我们已经都很疲劳。在去语言学院的路上，我才意识到来接我们的这位老师一直在讲意大利语。我不太会说意大利语，但能听出来他讲的是意大利语。所以，我就说："老师，对不起，我们听不懂你说的话，我们是法国人，不是意大利人。"这位老师说："我知道，可是意大利语和法语差不多一样嘛，是不是？学院里没有足够的说法语的老师，所以就派我来接你们了。"我又说："不是差不多，而是差多了，我们根本听不懂。"这些对话在一定程度上让我更加坚信，我们到的确是一个在文化上和地理上都很遥远的国度。也就是

当时的北京语言学院校园

说我们有不了解的,中方也有不了解的。所以,他才以为意大利语和法语差不多,完全能用意大利语和我们交流。这位老师看起来很惊讶,也很失望。于是,他在剩下的路中一直保持沉默。

差不多半夜时分,我们到了位于五道口附近的北京语言学院。吃了学院食堂师傅为我们准备的一顿小吃之后,耳朵里还带着飞机的轰鸣,我们来到安排好的宿舍,10号楼3层的一个房间。我们原以为会和中国同学住在一起,此时才知道我们是不能跟中国学生合住的。每个房间住两个人,但只能是外国留学生。

知道是这种情况,在飞机上相识的卡里诺夫斯基对我说,咱们住一个房间行吗?我说好。他先是在语言学院学习了一年,第二年就去复旦大学了,现在是阴阳五行学说的专家和汉学家。不过,这个楼里面也住着中国学生,他们都是学外语的。

到宿舍后与中国同学的头几次对话,真正同中国人的对话直到现在我都很难忘。进了房间之后,我先到对过的水房想洗把脸清醒一下,再喝点水解解渴。这时已经很晚了,我却在楼道里碰到了一位中国同学,他是学法语的,也住在三楼,正准备去水房旁边的厕所。见我之后,他主动用法语打招呼:"Bonjour, je vais aux commodités(您好!我要去出恭)……"离开法国24小时之后,等了若干年之后,第一次和中国人近距离接触,一个中国老师说意大利语,另一个中国同学使用的是路易时代的古法语,也就是只有19世纪文学作品当中才会用的那种说法。所以,我觉得很好奇。过了一段时间之后,我才明白,这些中国学生学习法语的途径只有两个。一个是法文的《北京周报》,内容是关于美帝国主义和党内修正主义的问题。另一个是19世纪法国的小说选本。可能是第二天或第三天,我去告诉这位中国同学,法国人上厕所现在不可能这么说,这样说很多人可能听不懂。

他上完厕所出来后,我正准备用嘴对着水龙头喝水,因为当时我特别渴,想喝水。这位"出恭"的中国同学在我后面喊道:"小心,这个水不能喝。"我惊讶地问:"为什么?"他说:"这是冷水。"我说:"我知道呀。太好了,我正渴着呢。就要喝冷水。""可是,你干吗喝凉水呢?"他一脸惊讶地问我,然后说:"到我的房间来吧,我给你点儿喝的。"我以为他要我到他的房间去是请我喝些中国酒什么的,庆祝我们的到来。可是,他给我倒在杯子里的却是冒着热气的开水。我等着他给我加进茶叶来,但一直没有。我说:"可是,这是热水啊。"他说:"对啊,怎么啦?""你可以想象到,我在法国从来没听说过在中国要喝所谓的热水,从来没听说过。当然,现在法国人都知道了中国游客要喝热水。现在的巴黎酒店都已经准备好了这方面的设施,都知道中国客人习惯喝白开水。

临走之前,法国外交部的人也没有告诉我们这方面的信息,对此我们一无所知。所以,那天当他已经开始喝了的时候,我只是傻傻地看着,因为我是绝对不能喝太热的水。所以,这些细小的初步接触在一定程度上进一步增强了我们的印象,就是中国确实是一个遥远的国度。

没过几天,我又遇到了"文化冲突"的难题了。我在离开法国之前,有了一个比较古怪的念头,那就是我希望尽早地让中国人听我喜爱的西方古典音乐。我只想知道他们喜不喜欢听,没别的意思。所以,我在打行李的时候就带上了一盘贝多芬的《第六交响曲》磁带。我比较喜欢贝多芬的乐曲。主要是好奇,我也想知道中国人喜欢不喜欢。所以,到中国没多久,可能第二天或第三天晚上,大概9点钟的样子。我走到我的邻居张同学的宿舍,敲门说:"晚上好!对不起打扰你一会儿。我只想让你听一盘西方音乐磁带。我想知道你喜不喜欢,它让你能想到什么。希望你能告诉我。"他说:"好,没问题。"我告诉他,这盘磁带是贝多芬的音乐,第六交响曲。他回答说:"贝多芬是谁?我不认识。"我按下我的录音机播放键两分钟,好奇地观察他的反应。我问他:"怎么样,好不好听?你喜欢不喜欢听?"他的回答令我感到意外,没说音乐是好听,也没说不好听,只是说"我听不懂"。这是我从来没有预想到的结果，他会说听不懂，因为我的问题是你喜欢不喜欢，他回答的却是我听不懂。所答非所问，我当时也没法继续和他对话。

没办法，我只好告辞，然后去敲对面宿舍的门，这里住着另外一个也姓张的中国同学。"进来吧，我睡觉很晚，而且常常睡不好，因为满脑子都是巴尔扎克小说里的人物，欧也妮·葛朗台，高老头……"我抓住机会建议他听点西方古典音乐，放松一下。他接受了建议。一段《田园交响曲》之后，我问他同样的问题。他不假思索地回答道："我不太懂这段音乐的意思。"随后几天，我重复着这个游戏。可是，答案好像没有丝毫变化。

我始终想不明白，为什么会这样。如果当时中国同学让我听京剧，我会说好听或不好听，而不会说这么一句"我听不懂"。所以，当时我觉得这太值得分析了。你让我听一首民间音乐，我不会说听不懂，只会说喜欢或不喜欢。我觉得，只有在听外语或者在听歌词什么的，人们才会说听得懂或听不懂。在没有歌词的音乐方面，我觉得西方人联想到的不是听不懂，而是好听或者不好听。我个人认为，这是不是跟思维方式有关系。西方文字是表音文字，所以西方人更倾向于就形式发表评论。汉字是表意文字，所以中国人更倾向于就内容发表评论。好听不好听是形式问题，以我个人分析，西方人其实就是在形式上说好听或不好听。京剧除了那个音乐还有歌词、有故事，所以有时音乐不好听，但故事好。可是，真实的音乐是什么？它在很大程度上就在于形式。

由此我就联想到了中国文字，因为语言文字属于不同文化的基因，人类最内在的东西。古典的德国哲学、法国哲学和英国哲学不一样，为什么？我个人觉得，其中一个因素是这三国的语言不一样。语言对思维的作用也许是最基本的。英文的基本特征和语言精神、精髓跟法文的和德文的完全不一样，不是词汇的不一样，而是这个语言本身很不一样。在一定程度上，语言不止是工具，而且影响着思维方式或者思想。所以，我多少年来

当时北京语言学院的食堂

一直在想这个故事。这对我后来研究汉字和在中文教学上提出"字本位"方法有不小的影响。

我们这次交换留学一共是两年,第一年只能在北京语言学院,没有别的选择。当时,所有的国家只要跟中国有文化交流,来的学生都集中在北京语言学院。留学生分组也很有意思,是按国家,有法国学生组、英国学生组、德国学生组、意大利学生组、北欧学生组、阿拉伯学生组等等。相应的,每个组都有专门的老师来负责。当时,负责法国学生组的是一位北京语言学院的老师。

由于都是在国内学过了几年中文并且有了一定的水平,所以我们到中国之后并不是从基础学起,而是学一些与中文和中国文化相关的专业课。我印象比较深的有

这样几门课。一门课是汪宗虎老师教的现代汉语。汪老师在课堂上很活跃，与同学们的互动非常好，课也讲得很形象。这是他与别的老师不一样的地方。所以，我特别喜欢他的课。2012年，我来中国参加北京语言学院50年校庆时有幸与他重新见面，我们都非常高兴。另一门是金德厚老师教的文言文课。金德厚老师声音洪亮，讲古文的方法特别适合我，因为他是用现代汉语让我们理解古文。我在法国学习文言文时，老师的讲法正相反，用法文解释古文，很不适合我的思维倾向。另外，给我影响深刻的是位姓张的老师，他教太极拳选修课。法国留学生中只有我和两个同学选了，而且很愿意学太极拳，因为它有着深刻的中国文化内涵。

1973年那个时候，中国正在进行批林批孔运动，学

校到处都是大字报。看这些大字报成了我印象最深刻的校园生活。另外，我们的宿舍楼里没有洗澡的地方，必须穿过校园到学校浴室才能洗个澡。冬天很冷的时候，我们冻得要死。

当时的中国政治与留学生关系不大，我们除了看热闹之外，主要的精力都可以放在学习中文上面。我在1974年1月的一封家信中告诉家人："我们从早到晚都埋头于汉语学习。"不过，由于受批林批孔的影响，我们学的东西无论在形式上还是在内容上都有很大的局限。我们觉得中文水平特别是口语水平提高得不快，对学校有些意见。

大概在北京语言学院学习了半年之后，学校要组织一次乒乓球比赛，各国留学生也参加。我自告奋勇，准备代表法国留学生参赛，努力为国争光。于是，我就去锻炼，打篮球，活动身体，准备比赛。可是，就在比赛正式开始前一个小时，我突然腰疼。我只好告诉同伴我一会儿回来，然后回房间躺一下，以为休息一会儿就好了。可是，这一躺下来就不能动了，连坐起来都不行。没有办法，我只好放弃比赛。虽然法国的留学生人数多，因为大家都不喜欢体育，没有人愿意参加。这时连我这个唯一的运动员还没有参加比赛就"夭折了"。

中国老师知道消息后，过来看我，见我不能动了，就把我送到了北医三院。经过检查，这原来是腰肌损

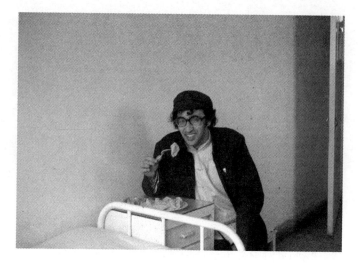

在北医三院住院

伤,算不上什么大病。但是,因为是外国留学生,我受到了照顾,于是就住院了。

大夫给我针灸治疗,实际上一两天就好了。可是,我在里面住了一个星期。医院很少有张外国脸,所以,大家对我很照顾。连厨师都每天上楼来问我今天吃什么,我于是就趁机说吃饺子,得到了满足。赖在医院的一个星期之内,我发现我的口语水平突飞猛进。对我来说,医院成了口语集中培训课。除了几个法国朋友来看时讲法语,和医生、护士、厨师说话时都讲汉语,而且是日常用语。在自然环境中,有需求才有表达。出院后,我就找到了学院的领导,告诉他们,我在医院住了一个星期，口语才有了大幅度的提高。所以，我对学院的教学方法有意见，学院应当改进。

这次住院还引起后来的一个小故事。差不多30年以后，我已经成为东方语言文化学院中文系教授、兼职汉语总督学，同时还负责汉语教师协会工作。有一天，驻巴黎的中国旅行社老板找我谈法国学生暑期去中国的事情。我们在巴黎一家名为青岛的酒家边吃边聊。忽然进来一个人，是老板的熟人。老板跟他打招呼并且介绍我，说白乐桑教授如何如何。我准备和那个人握手、打招呼。可是，那个人很冷静地说："不用介绍，我认识他。"我以为是在近期的招待会上遇到的熟人，也许交换过名片。我说："对，我们可能认识。"他又说："不是可能，我们肯定认识，在很久很久以前。"很久以前，我实在想不起来。后来，他问我："您是不是在中国住过医院？"听了这话，我当时就吓了一跳，是不是有朋友在背后开我的玩笑呢？因为在北京住院的事情根本没有多少人知道。我问他："您怎么知道？不是开玩笑吧！"他说："您不是住的北医三院吗？"我的好奇心越发不可收，我一定要弄个明白。他告诉我："在北京是不是有很多护士照顾您？我就是其中一个护士的男朋友。"这么长时间过去了，他当时不经意地一瞥，居然现在还能认出我。这简直是超现实主义的经历。

说到努力学习中文，我想特别讲一下当时感受到的中国政治。1973年,中国的政治局势依然动荡,各种名目的政治运动此起彼伏。这些政治运动在报纸和广播广泛宣传。我们校园的高音喇叭从早上6点开始鸣响,播放这样那样的社论,运动的主题看起来和那个时期的政治现实并没有什么联系。所有这些对我们中文学习还是有很大的干扰。我们发现阅读能力进步得太慢,专门靠阅读课,时间是不够的。于是,就有同学建议订《人民日报》,每天晚上读报,一个学生准备内容、查字典,给大家宣讲。在读《人民日报》的过程中,有两件事我印象特别深。

某一天清早,我在《人民日报》第一版上看到很大字的标题中有"安东尼奥尼"的名字,内容是有关他拍的一部名为《中国》的纪录片。在来中国的前两个星期,我曾经看过,它的内容十分宏大。这部片子很吸引我,使我从中了解了将要去学习的那个国家的概貌。可是,我发现,这篇文章是用激烈的言辞来指责安东尼奥尼的这部电影,认为它是"反华"的。不过,我感到论据并不那么令人信服,有点走极端。在随后的日子里,《人民日报》又刊登一些文章继续批判安东尼奥尼和这部纪录片。另一件事是,几个星期之后,从早上送来的《人民日报》中,我又看到了新的阶级斗争动向。这次是指向了音乐。头版的大标题是《无标题的音乐》《西方古典音乐没有主题》。我清楚地记得当时我的不知所

措,不明白为什么这些文章要对西方古典音乐这样定性,也不明白官方愤怒的原因何在。文章指责贝多芬的交响曲"没有名字"。实际上正相反,贝多芬的第六交响曲叫做《田园交响曲》,第五交响曲叫做《命运交响曲》。它们怎么会没有名字、没有主题呢?文章还说肖邦、李斯特等人的作品都"没有主题",都没有反映出阶级、社会和思想的内容。我试图弄清楚这到底是怎么回事,以便进一步提高自己的认识水平。我很难明白并且也很惊讶,那些批判文章为什么言辞那么激烈,特别是对我心仪的古典音乐。于是,我就向同楼层的一位学法语的中国同学讨教。他告诉我,他事实上根本不知道贝多芬,从来也没有听过他的音乐。中国那些最有名的报纸上的大块文章提到的主题问题,除了少数知识分子之外，其他人都不知道是怎么回事。又过了好长时间，大概到了1974年春，一个中国同学带我去看杂技。我又对他说："这场演出让我想起几个月前那些涉及古典音乐的文章，我不太明白，为什么要讨论一种音乐有主题或没有主题那个问题呢？"他的回答至今清晰地留在我的记忆中。他带着某种不易察觉的笑容说："无标题音乐？你真的相信问题出在这儿吗？"

后来，事实开始一点点显露出来了。批判的矛头主要不是指向贝多芬，也没有牵扯到禁止他的作品。就好像对于一个法国记者，既然他并没有什么知名度，也没有必要禁止他的作品，更何况中国人连他作品的影子都见不着。其实，中国的报纸当时受到政权里的左派控制。这个事件矛头是指向中国当时一位政府高层官员，他就是这些提议的创始人，当时的中国总理周恩来。他希望开放一点他的国家，不仅请西方乐团来演奏了古典音乐，包括贝多芬、李斯特、肖邦等，而且还邀请了一些电影人，其中就有安东尼奥尼。

在北京语言学院的这一年，我们不仅学习书本上的语言和文化，更是实际感受着中国。在上面提到的那封信里，我还写道："关系到吃的问题，到了这里可以发现中国是全世界第一，而且无愧是一种艺术。我们去吃烤鸭的时候，给我们端来了十多个菜，都是用鸭子做的，甚至汤都是鸭子做的。特别大的发现是，这里是最后才喝汤,而且喝的是烫水。"

其实,即便是在中国吃的文化上,我的感受都远不止这些。到北京语言学院的第二天,我们去食堂吃饭的时候,看到饭桌上有一盘西红柿。大家看了之后,认为肯定没办法吃,因为放盐放得那么多,白花花的一层,人怎么能吃呢?真想把它给师傅送回去。了解法国菜的人都知道,法国沙拉里面的西红柿是放盐吃的,或者加点咸橄榄,或者加点希腊的奶酪,但肯定不会放这么多的盐。有个胆子大的同学先尝了尝,竟然放的是糖。我们从来没有见过放糖吃的西红柿。还有一个例子。我第一次在外面的饭馆里吃饭,在等座位的时候,凑近一块小黑板,看上面写着当天的菜谱。菜谱上面的中国字好像在赛场上厮杀一样,我费了半天劲,借助随身带的小

白乐桑和同学在食堂里

字典，才弄明白一个菜名。菜名中有一个字肯定是"手掌"的意思，但后面的字让我糊涂了，谁的手掌呢？后来逐渐明白了，中国菜名与菜的本身相差甚远。如果说点菜还是靠碰运气，那么，点米饭时，服务员问"吃几两"却把我们搞懵了。这个问题主要针对的是用面粉做的食物，至于其他的菜好像是不重要的附属品。每天都有中国学生问我吃几两饭。他们问的也许是米饭，也许是面条、饺子，或者馒头。于是，我们努力计算着，或者说折算着我们的饭量，有点像兑换外币。

我还有一个经历，大概发生在1974年1月。在一个很冷的晴天，我们五六个法国和意大利的留学生到城里的饭馆去吃饭。到了之后，我们等了半个小时的位子，那时候饭馆的位子总是很紧俏，这种等待很刺激我们的胃口。我们点了葱爆牛肉片，还有麻辣鸡丝，邻座的中国人也点了类似的东西，那些工人模样的人也许和我们一样忍受着饥饿。但是，有一个场景深深印在我的脑海里。我们叫的菜每上来一个，就会立刻被我们狼吞虎咽地消灭光。可是邻桌的那些客人却安静地看着热气腾腾的菜一个接一个摆在他们面前，直到15分钟以后上来最后一个菜，他们才开始慢条斯理地夹一块肉去蘸酱，或者拈一个糖醋的洋葱圈，配着白米饭吃。好像中国人吃饭不是为了填饱肚子，而是为了品尝。中国饮食中每道菜，每道菜中的各个部分，都是因为需要和别的部分配合而存在的。它们的存在不是孤立的。比如，热菜是为了配合冷菜，碧绿的葱丝是为和鱼的颜色相配，素菜是为了烘托荤菜，味道重的菜则是为了迎合味道淡的菜等等。

中国文化博大精深，绝不仅仅体现在吃东西的表面上。只不过我们最初到中国的时候，对这些表面上的东西感触比较突出而已。后来，我慢慢领悟到更多的是这些表面现象之下中国文化层面的东西。

第一次受到中国老师的邀请去他家里吃饭，还是到中国后大约三四个月的时候。邀请我的中国老师一字一句地说："明天晚上 7 点到我家'吃点东西'。"他说的这句话有点模糊，是吃一点小吃，还是吃饭？那个时代中国北方的作息时间和我们法国的还是很不一样的。在北京，吃晚饭的时间是 17 点半或者 18 点，之后也没有夜生活。邀请我 19 点到家里，我想当然地认为这是在晚饭之后了。于是，我 17 点半到食堂吃了晚饭，想着 19 点再到老师家小吃。到了老师家，我迅速扫了一眼老师说的"一点东西"。准备招待我的菜肴已经摆在桌子上了，有饺子、古老肉、牛肉片、芝麻芹菜等等。这分明是一顿正式的晚饭嘛。打这儿以后，我开始注意语言背后约定俗成的东西了。

由于文化的不同，更由于好奇心，我们法国同学总爱给学校提意见，有时还给学校带来了"麻烦"。

在法国时，我们学中文的学生就知道中国有个说法，"不到长城非好汉"。不过，这个长城多指北京的八达岭长城。所以，我们特别想去长城。1973 年 12 月 2 日，是拿破仑加冕的同一天（1804 年 12 月 2 日），也是奥斯特里战役的同一天（1805 年 12 月 2 日），我们几个法国学生决定当一回"好汉"，去登长城。其实，学校已经安排所有留学生在 12 月集体登长城，只是稍晚一点。但是，我们法国学生想提前当"好汉"，于是在一个星期天的清早坐火车秘密地向八达岭进发了。我们到一个叫五道口的小站乘车，到昌平南口站时转车去八达岭。转车需要在南口站等上半个小时，我们按捺不住要看到长城的急迫心情，决定步行探访一下真正的"中国"，于是就出了站，来到了一个小村庄。在村子里的

参观八达岭长城

小土路上没有走上100米，我们就听到后面有人朝我们大声喊，而且还挥着胳膊做着让我们回去的手势。我们只好顺原路回来，走近才看清那个喊我们的是一个穿着蓝色棉大衣的男子。他把我们让进一间屋子，我们在那儿等了近四个小时。在此期间，他们给我们吃在煤火上烤的馒头，同时一直在和外交部或其他什么机构打着电话。我们一点点明白了自己是在村里的派出所，那个男子是中国警察。我们是属于"非正常进入"，因为当时外国人有许可才能进入长城。所以，我们在路上就被拦了下来。结果，我们这次要提前当"好汉"的旅程只是在南口待到了下午。最后，我们走出了派出所，在村民不友好目光的注视下，上了返回城里的火车。我们没能做成"好汉"，而且接到学院领导的通知，等着去接受批评。

"好汉"事件过后没多久，1974年春节的时候，学院安排我们去华东旅游，主要去苏州、杭州、上海等地。杭州是第一站，我们都知道它是马可·波罗讲得最多的城市，大家都非常向往。学院带队的老师向我们宣布了在杭州的日程，总共两天一夜。第一天去××工厂，下午去一个××公社，第二天再去一个工厂，然后晚上回去。我们很天真地举手，问我们什么时候去逛街、看景点。我们以为他忘了。这位负责人说："我们看杭州干什么？不去，只看工厂。"我们非常不满。第

杭州留影

杭州留影

二天中午,我和一个女同学去找老师,说:"我们胃疼,很不舒服,真的不舒服,大概病了。"他很照顾我们:"好,好,你们留下。"于是,我们留在旅馆。等他们走了以后,我们心满意足地溜出门外,开始了杭州逛街之旅。那个女同学就是我前面讲过的鼎鼎大名的巴黎凤凰书店的女老板。其余28个法国同学憋了一肚子怨气去参观工厂了。在回北京的火车上,我们实在忍不住,便向同学炫耀,只有我们才了解了真正的杭州,绘声绘色地向大家描述我们的见闻。带队老师知道后给全体同学开会,批评了我们俩一顿。不过,反正我们已经逛了杭州城,批评不批评也无所谓。

第一年的学习结束之后,中国方面告诉我们,谁愿意延长可以再继续学一年,也可以回国。后来我才知道,法国30个留学生当中,有18个决定再延长一年,有12个回国了。后来,中法之间又有了第二批、第三批、第四批交换生。我就是决定再进修一年的18个人之一。

# 第四章 学文、学工又学农

到中国的第二年,我们继续留下来学习的人就可以选择专业,中方根据报的专业分配我们到不同的大学。选择文学专业的同学被分配到了上海复旦大学,而选择中文、历史和哲学专业的同学被分配到了北京大学,分别在中文系、历史系和哲学系里。这样一来,我跟其他一些法国的和别的国家的同学就分手了。来北京大学的同学中,多数都在中文系和历史系,我是哲学系唯一的欧洲学生。当时,哲学系是留学生最少的系,除了我以外,还有五个加拿大的,一个来自非洲坦桑尼亚,一共七个留学生。这时留学生是以系为单位,而不像在北京语言学院那样以国籍为单位。虽然只有我一个法国人,

当时北大的西门

当时北大的南门

但是，我也不孤独，只不过我是唯一的欧洲人。

其实，我在巴黎大学中文系读书的时候，就已经知道北大这个词了，知道它有一定的名气，一定的威望。所以，得知被分配到北大的时候，我就有一点荣幸的感觉。我这儿还保留着1974年9月13日给家的一封信，述说自己当时的感受。其中一段是这样写的："我刚刚成为北大哲学系的学生，不用说，能进入威望那么高的一所大学而且能读所选择的专业，确实是一种难得的特权。学校满足了我的要求，我跟一个哲学系的中国学生同住一个房间。北大校园很大，很漂亮，建筑都是中式的，还能品味到这些建筑的古朴传统的气息。我迫不及待地等着'十一'，据说会有大型活动。昨天晚上学校特地为我们举办了欢迎晚会。我们走进校门，他们按着传统，用锣鼓的声音欢迎我们。"

刚到北语的时候，我也曾想同中国学生住在一起，但学校不同意。这回到了北大，我们再一次强烈地提出与中国同学住一起的要求，北大满足了我们的愿望。跟我住一个房间的中国同学叫王振京，是一个解放军战士，来自唐山部队。在北大的这一年，我就住南门附近的那个26楼，我俩整整合住了一年。毕业后，我再也没有他的消息，只是间接地听说他在河北工作。其他留学生也提了类似的要求，所以也都跟中国学生合住。不仅如此，北大还同意我们到普通学生食堂吃饭，以前我们都是在单独的留学生食堂吃。这样就使得我们与中国同学接触的机会更多了。

不过,虽然住宿和中国同学在一起,也可以到普通食堂吃饭,但是上课还是单独的。当时哲学系没有本科,我们也只是进修一年,所以属于进修生吧。在专业课方面,因为当时的特殊背景,所以,我们学的主要是列宁的一些哲学的书,如《唯物主义和经验批判主义》,老师也都是讲这方面的课。因为当时中国正在进行批林批孔,我们提出想学一点孔子思想的要求,想借这个机会来接触中国真正的古典哲学。在当时的政治背景下是不可能做到这一点的,但老师还是多少讲过一点孔子的思想。

在北大的宿舍里

我们虽然还是上课，但因为留学生很少，课多半是辅导性质的，对我们提高阅读理解水平确实很有帮助。我当时还不是很明确地意识到将来我要走向现代汉语教学，没有将来研究汉语语言的内在意识。虽然学了中文，但是，我对哲学还是很感兴趣的，所以选专业的时候我说反正学历史还不如学哲学，这样才到的哲学系。但是，我觉得收获最大的还是中文水平大幅的提高。当时的课老师都是用中文讲，记笔记也是用中文，阅读的书难度也比较大。这些对我来说，是提高我的汉语语言、文字、阅读、书写、听力、表达的主要媒介。除了辅导课之外，系里有时给我们安排了一些名人的座谈。其中，有的与哲学有关，如冯友兰先生讲的就是中国哲学问题。可是，也有的与哲学无关，如费孝通讲的就是社会学问题。我印象最深的跟哲学无关的讲座是写《金光大道》的浩然作的。在此之前，我已经读过他的书，觉得他的语言很有味道，有农村气息。至今我还清楚地记得他的开场白："我这几天在农村，有人通知来北大作讲座。我没有做好准备，我只是来拜访大家。"听他这么说，我开始时还真以为他没有做好准备呢，后来听他讲才明白这是客套话。就像准备了一桌子菜的中国人，会客气地对你说，吃顿便饭。实际情况是，他讲得非常有条理，生动有趣，给我留下了很深的印象。他讲座时我还录了音，后来把他的讲座也翻译成法语并在法国发表了。

我们到中国的第一年,也就是在北语学习的时候,每到周末一定要进城,否则就像待在农村一样。但第二年,也就是在北大学习的这一年,我们有时候发现一两个星期都过去了,可并没有要进城的感觉。这是因为北大的环境感觉比较舒服,同时还要为上课阅读做准备等等。在北大的这一年,我们更加融入了中国的生活和语言。中国对我们来说,不再是那个遥远的国度,月球上的国度。我们也从被中国人好奇围观的"外星人"到穿上中式服装、与中国普通工人、农民同吃同住同劳动的"洋中国人"。

说到这儿,我想起刚到中国后不久的几件事。那时北京的冬天非常冷,气温在零下十五度左右。于是,我们这些法国同学去王府井买了棉猴和帽子。根据我当时的笔记,皮帽子要人民币7块,棉猴儿33块。记得有一个法国同学买了一顶漂亮的动物毛皮做的帽子,要21块钱。当时的物价是10个包子才4毛钱。因为脚冷得要命,我还到王府井的一家鞋店去买鞋。服务员问我:"穿多大的?"我很自然地说:"44号。"说完以后,我的话就像有回声一样,一阵洪亮的笑声从后面传来:"44号,脚那么大!"我回头一看,后面因为我这张外国脸而走进店里的30多个人一块笑起来,很多观众连同卖鞋的小姐也忍不住笑起来。她因为礼貌,尽力忍住，在一片喧闹声中回答我："我们店里没有那么大的鞋，你可以到前门附近去定做。"我头一回听说鞋还可以定做。没有想到，我第一次买鞋还引起那么大的轰动。在那个时代，中国人见到外国人就够奇怪了，见到外国人会说中国话更奇怪，而看见外国人买鞋还要那么大尺码的肯定就更奇怪了。

当时，外国人在中国受到限制，出行不是很方便，只有天津对外国人是不要许可证的。所以，我们决定到天津玩玩。在天津的大街上，到处都有好奇的当地人围着我们，好像是看外星人。于是，我们一行法国同学决定分散行动，这样可以分流一批"观众"。大家分开走，然后到"狗不理"包子店集合。走出老远，我回头一

围观我们的中国人

看，围观一个金发的法国女同学的人最多。其实，这些还不算什么。最夸张的是一次去洛阳旅游，在火车站，我们这些留学生曾经被街头上百人像看外星人一样看了很久，我还在车窗里向外拍了一张照片。这才是令人难忘的经历。

然而，我们真正走到中国人中间，是通过当时学校搞的开门办学。这原本是中国学生的专利，没有留学生什么事。我们是通过某种"抗争"方式也获得了这方面的机会。其中，到工厂去学工，还是在北语的时候。1974年冬天，也就是到中国的三个月的样子，看到中国同学开门办学，我们也向学校提出要求，说我们也愿意去开门办学，去工厂或去农村。但是，北语的领导坚决不同意。那时，我们也不是太听话，就问学校为什么不同意。我们愿意啊，我们想练一练我们的汉语，想了解中国。但是，校方说不行，条件太艰苦。我们说不怕苦，那也不行。

学校不同意，这怎么办呢。我们看到中国学生忙着写大字报，校园里到处贴满了大字报，批林批孔运动嘛。这些大字报我们从头到尾都看过。所以，在一天晚上大概是十点十一点的时候，我们六七个留学生，其中大部分是法国留学生，也决定写一张大字报。一支毛笔，加上墨水、胶水，一会儿就写好了。我们写的与批林批孔没有关系。趁着夜色，我们把我们写的大字板贴

北京语言学院的大字报栏

到那些批判孔夫子的大字报上。上面写的是:"我们,外国留学生,也要去农村锻炼……我们希望到农村去生活,就像其他中国学生一样。"然后,我们又悄悄溜回宿舍,对自己的大胆非常得意。

第二天早上7点半,正当我看着楼下的中国学生慢吞吞地做着广播体操的时候,有人来告诉我8点去校长室。走进大厅,看到昨天夜里贴大字报的留学生都在那里。几分钟之后,学校领导进来了,这是我们第一次见到我们学校的副校长。发言之前,他先清了清嗓子,然后又干笑了几声。这个时候,我们放松了一些,可是他随后的话又加重了我们的担心。他刚笑完就紧接着说:"昨晚你们的行为很严重,已经插手到中国的内部事务来了,由此引起的处分是长期的,直到你们离开学校,离开中国。"我们对校长辩解说不是想插手中国内部事务,我们就是想去开门办学,也是想去农村。我们到中国来就是练习汉语,提高汉语水平和了解中国,反正当时与他搞得比较僵。后来我们明白了,他的意思是说我们不能借用中国内部使用的大字报形式向学校提意见。

不过,这次事件的最后结果还不错,我们非但没有受到处分,还争取到一个"特例",就是和中国学生一样,有了"到外面去学习"的机会。可以去工厂,或者农村。那是快到第一学期末的时候,大约是1974年5月,我们这些外国留学生得到允许,把课堂搬到"广阔

学工

联欢会

与工人师傅的合影

的天地中去"，在北京的吉普车制造厂实习5天。据说，学校这样做是得到了国务院批准同意的。在这5天中，我们一半时间劳动，一半时间参观，每个留学生学生跟一个工厂师傅，由工人师傅照顾。我在信中告诉父母："我跟你们说过我们将会考试，因为毛泽东说过教育要联系实际，联系日常生活，要把整个社会作为课堂。所以，考试是用中文写在工厂度过的5天。"

去农村，与农民生活在一起的愿望是在北京大学读书的那一年实现的。刚到北大的时候，除了要求与中国同学住在一起，能够到普通食堂吃饭之外，留学生，特别是我们法国留学生还提出了一个要求，就是要求参加开门办学，去了解中国的农村生活。无论是在北京语言学院还是在北京大学，我觉得都是我们法国留学生最喜欢提出要求，也是"最不遵守学校纪律"的。为什么会这样？这可能就是法国民族的特点。你看，这是很有意思的事情。来自世界各地那么多的国家的学生来到北京语言学院，可是最强烈的要求差不多都是法国学生提出来的。我们很早就发现了中国学生去开门办学了，而我们要求参加，说实话就是要有去农村的机会，不是别的。在我们来说实在太难得了。我们感觉到了中国就像到了月球，如果能到月球的那面就更难得。其实很简单，我们提要求的主要动机，就是到工厂、到农村去了解中国的机会对我们来说太难得了。

后来每当我对中国朋友回忆起这段历史时，他们总是说，你70年代在中国农村住多么苦啊。我对他们说，哪有什么辛苦，而是太难得了。就像到了月球一样，简直太难得了。在中国，我们去了外国人一般去不了的地方，如工厂、农村。我们特别喜欢观察，也高兴能与普通中国人对话和交流。现在，你随便问当时留学的法国同学，如贝罗贝，如果你问在中国这两年当中最难忘的是什么，他们一定会说在中国的工厂和在中国的农村。

与在北语不同，我们在北大提出参加开门办学的要求很快就被批准了。校方告诉我们，第一个学期是去农村，第二个学期是去工厂，每次三个星期。可以说，北大完全满足了我们的要求。但是，我因为个人的特殊情况，两次都去了农村。我第一次开门办学活动安排的是去农村，第二学期安排的开门办学活动应当是在工厂。但是，由于要服兵役，我必须要比其他法国留学生早一个月回国。可是，我早一个月回国，我就要错过第二次去工厂开门办学的机会，而我又特别愿意去。在这种情况下我赶紧去找学校留学生办公室。留办的老师说："那你说怎么办呢？"我提出了一个办法，历史系的学生开门办学活动正好要提前到四月份，去的是农村，我能赶上，我能不能跟他们一起去？留办同意了。这样，我就在四月下半月到五月初

第四章 学文、学工又学农 | 079

与当地农民合影

跟着历史系的学生又去了农村。

当然,我们留学生参加开门办学活动,到农村去,到工厂去,并不是单独的,而是和中国学生一起去的,还有老师带队。那时的中国同学都是工农兵学员。

第一次去农村是在1974年冬天。我们一行15个人,7个留学生,6个中国学生,2个带队老师,都是北京大学的。其中,在7个留学生中,有5个是加拿大的,一个是坦桑尼亚的,还有一个就是我。我们分别住在几个农民家里。第二次是在1975年5月,也是北京附近的农村。这些村庄尽管离北京不过百十公里,但是,大多数村民还是第一次见到外国人。当然,我特别的注意观察,注意与他们交流。直到现在,我还很难忘

与房东的合影

与房东的小孩在一起

当时与农民的一些简单的对话。总的说,他们问问题时,说话不多。

所以,他们问的问题中,有些到现在我还没有弄清楚它们的含义是什么。有的问题很简单,可是问题在于你不知道怎么回答。比如,问我"你的国家在哪儿"。这个问题你怎么回答?你回答说在法国,可他们不知道法国在哪儿。你说在欧洲,他们更不知道欧洲在哪里。最后,我只好告诉他,法国在中国的西边很远、很远的地方,这才满足了他的问题。比如,有的老乡问我:"你们国家一天当中有多少小时?"这个问题表面上看或许太简单了,可是别忘了,中国农历把一天分成十二个时辰,每个时辰大概两小时。再比如,许多老乡甚至还包括坐火车时碰到旅客,时常问我们一个更难回答的问题,

在农民炕上学习

甚至也很难听明白:"你们国家的主食是什么?一天吃几顿饭?"我当时已经知道主食,可是对这个概念不是很清楚,过了快半年我才知道怎么回答。当时,我告诉他们,我们国家其实没有主食,后来又说我们国家的主食是面包,再改口说我们的主食是土豆。过了许久,我才真正地领会了主食这个概念。其实,法国没有主食这个概念,但在中国,主食和菜区别是非常明确的。当然,如果什么问题问得都不很明确,但是,我觉得,弄清楚了还是很有意思的。当我说法国人一天吃三顿饭的时候,问我的那位旅客有一些惊奇地说:"法国是发达国家,一天可能会多吃一顿。"

两次在农村的六个星期里,我吃住和劳动都和老乡在一起,睡的是火炕。每天早晨起来六点钟起床,不吃早餐先去田地干活。当然,活比较轻松,因为我们劳动也是形式上的。八点钟回来,然后我们跟老乡一起吃早餐,多半是棒子面粥。三个星期可能就吃过一次肉,主要是蔬菜。我在家信中对妈妈说:"如果妈妈在中国会很舒服,因为这里顿顿吃蔬菜,连医生开方子都可能开的是蔬菜。"但是,我感受到了中国农村的真正生活,所以也不觉得苦。

一般来说,村子里没有什么娱乐活动。有一次,一个人来宣布晚上有电影。中国北方的夜晚很长,6点天就黑了,很冷。我们欢欣鼓舞,直到听说这是一场流动

烧火

放映的电影,也就是说是露天电影。放映电影让人难以忍受。我们坐在离地20厘米高的小凳子上,所有的村民都聚集在展开的屏幕前。电影是关于抗日战争的,西伯利亚干冷的北风吹来,打在脸上。我们蜷缩在厚厚的棉衣里面,盼望电影快点放完,重新回到"家"里那热乎乎的火坑上。我们清楚,村民与其说是来看电影,不如说是参加一场活动,一个劲儿盯着我们看。既然我们不可能离开,于是就保持面色平和,让参观者感觉到应有的尊重。我们就坐在那里,瑟缩着,僵硬着,直到电影结束。

我还清楚地记得一件事,大概发生在第二次在农村的时候。一天,吃过晚饭。老乡家吃晚饭很早,还不到六点钟。饭后,这家的老父亲出了门,他从黑色棉衣口袋里掏出一个烟袋,很长、很细,放上烟丝,一边抽烟一边看天。由于没有什么事情可做,我也跟着他出了门。我走在田埂上,琢磨着传统民居冲南的好处是可以抵御北方的冷风。他不吭声我也不吭声,安静地待着盯着满天的星星。过了一会儿,他抬起手臂指着月亮说:"那上面,是月亮。"我点头称是。又经过一段长时间的沉默,我又听他喃喃地说了几个字:"那上面有树。"我以为他说的是院子里的树,我在阴影中努力地猜他讲的话。也许意识到我没有明白他的话,他又说:"在月亮上,有棵树。我们今晚可以看得很清楚。"我知道中国这个古老的神话传说,但暗自希望他把话接着说下去。所以,我就不吭声,想接着听嘛。又过了一会儿,他好像自言自语:"在月亮里面的树上,有一只兔子。"这就是那天

房东大爷

晚上他说的全部的话，也是我在他家住的三个星期里他与我讲的最长的一段话。

三个星期很快就要过去了，临走前，北大同学和老乡一起包饺子。他们问我包没包过饺子，我说没有，只是吃过而已。大家开始包饺子，在和馅的时候，我突然发现里面有荸荠，感到十分奇怪，指着荸荠说："这个我吃过，可是为什么放在肉馅里边？一点味道都没有。"老乡告诉我："因为肉馅很软，荸荠是用来提味的，很脆。"说起荸荠，我刚到中国时还有一次可笑的经历。有一次在中关村下公共汽车的时候，我路过一个破烂水果摊子，心想又是苹果、橘子，这两年尽吃这两种水果了。可是，我在摊子的缝隙里看到了一种长得像栗子一样的东西，以为是栗子。所以，我就买了三公斤，带回去给那些找不到水果吃的留学生朋友吃。一进宿舍，我就喊道："同学们都过来，我给大家带来栗子了！"本来我们准备放到烤炉里来个糖炒栗子，可有人迫不及待地尝了尝。他说，怎么连一点栗子的味都没有呀？这根本不是栗子。后来，我才知道，它叫荸荠。

在中国农村经历的这样一些小的事情，对我们老外是一生中很难忘的。在中国的两年，我们不仅提高了中文水平，学到了许多中国语言和文化方面的知识，而且对中国社会也有了很多的了解。我们不仅来到了遥远的、月球般的中国，而且经过两年的熏陶，在许多方面也快成了中国人，吃中餐，穿中式服装，说中国话。我的适应能力是很强的，到北京没几个月，1974年1月16日，我在信中告诉家人，北京这儿喝的饮料有啤酒，主要的就是热水，到处都是喝热水。"我很高兴地告诉你们，我终于习惯喝茶了"。

我讲一个特别好玩的故事。刚到北语的时候，和我住在同一层的隔壁房间的一个中国同学特别开朗，喜欢聊天。有一次，我们谈起中国人和西方人在外表和行为举止的不同时，他说："我觉得你们走路很特别。""有什么特别？我觉得很正常啊！"他坚持说："反正就是特别，怎么特别也不好说。你们走路像跳一样。"我心里好笑，嘴上仍说："什么呀，我们跳就是跳，走就是走，怎么会走的时候像跳一样？"后来，我在胡同里观察北京人走路，的确有些不大一样。北京人走路是慢悠悠的，踱着步，有点后倾。西方人走路是往前探着，走路上下的起伏比较大。我到巴黎后，哥哥到戴高乐机场接我。看我走路时，他的眼神有些奇怪。过了两三天，哥哥跟我说："你现在正常了。"我说："什么正常了？我不明白。"他说："你走路正常了。我去机场接你回巴黎的时候，必须拉着你才能过马路，因为你步行特别慢。现在腿终于又恢复功能了。"现在想来，我大概当时确实融入了北京的生活，走路慢条斯理，走的方式也和中国人一样了。但是，我自己倒没有觉得。不过，我刚到巴黎的时候，确实有些地方不习惯了。比如，在当时的北京，餐馆很少，全北京市可能就几百家餐馆，据说原来有一万来家。可是，我到了巴黎市区发现刚路过一个面包店，没隔20米又是一个面包店。我觉得很别扭，这无疑是受在北京的经历的影响。后来过了两三天，我就没有这样的感觉了。还有一个例子，刚回到法国，我听到法国人聊天时，总觉得他们谈的话题太肤浅，不知道为什么会有这种感觉。过了一段时间之后，我的人和心才真正回到法国。

总之，我还是坚持这一点，在北京留学的这两年，是我一生中度过的最快乐时光，因为我不仅仅是喜欢，而且比喜欢更高一层，是难得。假如你能有机会去月球，不论条件如何，你都不会感觉到困难或痛苦。巴黎和北京当然有很大的差异，尤其北京的冬天很冷。但是，我现在最美好的回忆就是北京的冬天，因为那里有太阳。所以，天气冷不是困难。在我印象中，真正感到困难的是非洲留学生。非洲留学生跟我们不一样，他们不是主动表示愿意来中国的。可能是先表示愿意去欧洲，后来被分配到中国。我们是主动愿意来中国的。我们是以汉语汉学为专业的学生，所以学习的动机非常强烈。不仅如此，中法在各方面的差异更加吸引着我，无论是日常生活方面的差异，还是文化背景的差异，或者当时政治背景的差异，都是如此。我觉得中国真是有一些古怪，但很感兴趣。就是在批林批孔运动期间，我们自己订了一份《人民日报》，目的是为了提高中文水平，提高我们的阅读能力。

正是因为喜欢和难得，所以在这两年间，我在假期的时候都决定不回国。我虽然也想家，可离不开"难得"这两个字。这可能是我个人的特征，即在人生发展中倾向于愿意发现，我很明确地属于这一类人。我在法国有家，有朋友，肯定会想念他们，想念达到什么地步我也不知道。毫无疑问，学校放暑假的时候，我当然想回国，但没有。我告诉家人，暑假学校会统一安排一次旅游，非常难得，我要在中国去旅游。我们先去了长沙、韶山、广州，然后又去了西安。

因为任何事情都很新鲜，再加上特别愿意发现的主观因素，所以，我从早到晚对什么都很新鲜，印象都是很深，包括一些最具体的情景。到中国第二天，我第一次去买文具，问售货员多少钱。她可能因为从来没见过老外说中文，所以没有回答，而张开大拇指和食指，我当时不知道这是八块钱的意思，所以给她两块钱，她笑起来。还有在邮局给我父母写信，第一次见到很特别的邮寄方式，一张纸一面写信，写完后折起来，另一面就成了信封，邮票已经印在上面，填上地址就行了。我很好奇，上面还印毛泽东语录什么的。

在中国的这两年，我的感觉就好像是第二次出生，

第四章 学文、学工又学农 | 089

在韶山的合影

当年的海淀镇

其对于我后来的发展起了决定性的作用,而且是在各方面,不光是就业,甚至直接影响到了我的身份认同。再加上一个"难得",可以想象这两年对我意味着什么。只有看到这些,人们才能明白在中国留学的这两年在我一生中有多么重要。我只能这样说,这在其他国家或通过其他途径是难以获得和难以经历的。因此,我在回国的时候,不是快要到家了、快见到分别两年的父母亲人时的那种兴奋,而是有一种恋恋不舍的惆怅。在中国的这两年,除了国庆节、蓬皮杜逝世和一次总统大选,我很少去法国大使馆,总是关在学校里面,在纯粹的中国环境中读书学习,基本上被汉化了,并且自称"老海淀"。我说这话并不过分,因为当海淀还是乡村一样的

与中国人合影

海淀镇的时候,我就了解它了。现在到处都是高楼大厦,已经完全变样了。

我是1975年5月回国的,那天大概是15号。由于情况有点特殊,我比其他法国留学生早一个月回国,是一个人独行的。那时候法国有一个制度,当兵是18岁,读大学可以往后拖,最多可以拖到25岁。我是5月出生的,所以得提前回国,赶在25岁之前去办理一些手续。结果我就没有赶上毕业仪式。最近,我拿到了一个非常珍贵的照片,就是北大结业的照片。是那种长方形并且很大很长的那种。上面有中国老师和第一届交换生,但是没有我。虽然我没有参加合影,北大还是给了我一张,让我的一个同学带给我。可是,他回国后没找着我,后来把电子版发给了我。我第二次不是提前与历史系的同学去农村吗,从农村回到北大的第三天,我就打行李回国了。有关部门已经提前告诉了我回国,机票是法方提供的。

记得离开北京的那天,天气不错。刚来北京的时候在机场上看到的标明航班的小黑板没有了。可见,北京在这两年时间中的变化还是挺大的,当天的飞机航班不用再写在可怜的小黑板上了。学校有人把我送到机场。我一个人孤单单地推着那种超市的手推车,一直走到法航飞机的舷梯下。当时,说实话我有一点点难过,就好像离开已经成了自己的一部分的中国文化、中国语言,它们在我心里已经占据了相当大的一部分。

那一班法航飞机上没有多少人,空姐走到我跟前微笑地打招呼:"你好!"我礼貌地回了一句:"你好!"但是,我因为好像就要离开家那样心情不是很愉快,所以没有心思和她多说话。她又问道:"您在北京住了几天?"我说住了两年。空姐吓一跳,说:"这怎么可能?"我告诉她我是在北京语言学院留学。她又说:"那您给我好好讲讲中国吧。"看来她不很了解我即将离开的这块土地。我心里很难过,不想多说话,只是回答:"好吧,等一会讲吧。"

飞机滑向跑道,我想听听音乐,于是就打开了音乐频道,戴上耳机。音乐传来,又是一个难以想象的偶然。我听到了一首非常流行的法国歌曲,名叫"Capri, c'est fini"(结束了,佳普利岛)。对这首歌,我非常熟悉。它讲的是一对恋人在意大利风景如画的佳普利岛上的爱情故事。故事的结局是无奈的。后来就开始流行什么都说"结束了"。没想到在北京的机场离别的时候,戴上耳机正赶上歌手唱至那句"结束了"。好像上帝有意安排一样。是啊,我的北京之行真的结束了。心里酸酸的,难以排解。

前面讲过,我开始学习中文的时候,我的朋友因为幽默同时也可能有意的给我起了"中国人"这个外号。如果我坚持去学西班牙语,会有人给我起个"西班牙人"这样的外号吗？肯定不会。也不会有人问我你为什么主修西班牙语？我在自己的一本书的引子中说过，在过去的四十多年里，我被问得最多的问题，不是"您贵姓"，而是"你为什么学汉语"。我算过，在过去四十年里，平均每周有三次这样问我。我的回答可能会使大多数人感到惊讶，我说："我学习汉语就是为了以后能有人问我你为什么学习汉语。"这不是文字游戏，如果仔细思考一番，人们就能品出我这个答案的内涵。

# 第五章 从中学老师到汉语总督学

我大概是1975年5月15日回到法国,原本是要服兵役的。但是,我当时非常不愿意去服兵役,因为在中国留学了两年,中文水平有了很大的提高,而且意识到中文在法国开始有一点使用价值了。我想抓住机遇寻找与教授中文有关的工作。所以,我回到法国几天后,就向部队提出我身体状况不好,在中国扭伤了腰肌,被军方送到军事医院检查身体。他们发现我不愿意当兵,而且年龄又不小,已经25岁了,所以对我采取了宽容态度,免去了我服兵役的义务。这样一来,夏天的时候,我就到法国南方休假,一边调整自己,一边寻找可以教授中文的学校。快到开学的时候,我有机会教书了。

1975年的秋天开学的时候,我同时得到了一所大学和一所中学邀请我前去教授中文的通知。不过,这两份都是临时性的工作,是合同制的工作。即使如此,这些也是我本来没想到,真是有点喜出望外。我选择了中学,同时也在大学兼课。虽然两边都不是正式教师,可是,我能开始正式教汉语了。别忘了,在两年前我去中国之前,学中文的在法国几乎没有任何就业机会。中法恢复文化交流之后两年,我就开始在中学教汉语了,同时也在大学兼上与中国有关的课程。你想想,我该有多么激动!

所以,我特别高兴,尤其是教中学特别高兴。为什么呢?我虽然几乎没有任何教汉语的经验,但感觉特别舒服,感觉这是最适合我的一种工作,因我教中学生们学习汉字。但在大学,我当时有一点压力,因为我教的不是中国语言课,有一段时间我教的是中国当代历史。我兼课的大学巴黎第八大学,也就是我的母校。在这所大学任教的鲁阿夫人比较喜欢我,她是教授,也是研究鲁迅的专家。所以,她希望我参加他的研究团队,从事鲁迅研究。我也一直比较喜欢鲁迅的作品,这样除了在第八大学兼课之外,我开始做一点点鲁迅方面的研究工作,包括翻译鲁迅的作品。我的所谓研究工作也就从这时、从研究鲁迅开始。我特别喜欢《孔乙己》这篇文章,后来还将它译成了法文。也正是因从事与鲁迅有关的研究，我有了第二次来中国的机会。第二次来中国是在1978年底至1979年初，此时我回国已经四年了。这在我一生当中到中国来间隔时间是最长的一次，因为以后我最少是每两年来一次，更多的时候是每年一次，甚至每年好几次。这次留给我最深的印象是西单"民主墙"——北京电报大楼附近一堵大约二百米的灰墙上，张贴了许多个人鸣冤和表达政治、经济诉求的大小字报。不过，我这次来中国主要是参加有关鲁迅的学术会议。又过了两年，1981年第三次来到北京，参加鲁迅诞生一百周年纪念活动。在纪念大会上，我还听到了胡耀邦的讲话。会后，我还去了绍兴参观。在这之后的一段时间我正式翻译和出版了一些鲁迅的作品，有杂文，也有小说，如《坟》《花边文学》等等。从到巴黎第八大学兼职搞研究一直到第二次来中国之前，我在这段时间里主要做这个工作。

在回国后最初的四年里，我既在中学教中文课，也在巴黎第八大学讲中国历史课，同时还与鲁阿夫人的团队进行鲁迅研究。所有这些都为我后来的发展奠定了非常好的基础。1978年对我来说是一个关键时期。在这一年，也就是说我回法国的三年以后，我通过了法国教育部主办的全法汉语专业师资合格认证会考，这种会考是各个专业都有的。法国当时已经有汉语作为正规教学的科目，欧洲其他国家还没有。所以，法国才有这样一个师资会考。在法国，任何一个学科，你要想当上终身老师，就必须通过本学科的会考，数学、语文、物理、体育等全都一样。这种会考的要求很高，1978年那次全法会考有三个名额，我就通过了。隔了一个月的时间，1978年的5月份，我通过了博士论文答辩。

我博士论文的主题很有意思，它标志着或反映了我求学生涯第一阶段的结束。为什么这样说呢？一个月之前，我通过汉语专业师资合格认证会考，这意味着我以后可以在中学或大学里以教授汉语为职业了。但是，我的博士论文写的不是我后来从事的汉语教学这个专业。假如要是以汉语教学为主题写这篇博士论文，那么就可以说我的博士论文是我以后学术生涯的开端。然而，事实不是这样。我的博士论文研究的是中国哲学方面的问题，而且是现代哲学。在我留学那个时代，中国曾搞过几场运动，一个重要内容就是普及哲学。我觉得，在中国，哲学虽然与政治背景是分不开的，但现代中国毕竟有它的哲学生活，无论是官方机构还是一些所谓的运动，包括《光明日报》定期发表的一些有关哲学的文章，都说明了这个问题。所以，我就以中国当代哲学为题材写了我的博士论文。这也反映了我当时对哲学偏爱，我在学习中文的同时，也一直在同时主修哲学，一直到硕士都是这样。1978年，通过了这篇博士论文，也算我的学习哲学过程的结束。从我通过了汉语专业师资合格认证会考开始,中文专业才成了我真正的、明确的、单一的方向。我的教学与研究开始是单一方向的了,不再跟哲学混在一起了。

1973年我去中国时在巴黎第八大学已经是四年级了。在当时的法国,大学读三年就可以获得学士学位。所以,我去中国的时候,已经拿到学士以上的学位,差不多就是硕士了。所以,我回国后,就开始一边工作,一边写博士论文。我用三年的时间,就是1975年到1978年写完了博士论文。当然,我在中国已经收集了很多资料,因为一直对哲学是比较感兴趣的。但在1978年,也是在我博士论文通过的前一个月,法国每年一次的师资合格认证会考有汉语专业,这几乎是百年难遇的机会,因为像汉语这样的小语种专业不是每年都有。于是,我决定试一试,先将博士论文放一放。准备这个会考也不容易,必读的文献中会有《水浒传》,李白的诗,白居易的诗,沈从文的作品等。笔试完了之后还有口试。我只是抱着试一试的想法,没有太复习。但最后,我通过了,这主要得益于我的口语比较好。

从一定意义上说,在法国通过这个资格认证对每个人都是非常重要,尤其是汉语。几年以前,我连去中国的计划都没有,更不用说用中文找一份工作这样的事了。在法国,通过博士论文,并不意味着你很快就有工作了,不一定。可是,通过了这个会考,按中国的说法，你就有了铁饭碗，你就有了教育部的公务员身份，而且是终身的。所以，我从1978年起就成了公务员。事实上，在法国获得汉语专业师资合格认证是很难的，往往需要很长的时间，因为不是每年的会考都有汉语专业，偶尔有名额也很少。所以，如果和别的专业相比，如英语，汉语专业师资合格认证是很难的。我有一些英语系的朋友，他们23岁甚至在22岁就通过同样的全法英语师资合格认证。这也不能说英语师资合格认证比较容易，其实要求也很高。但是，英语是与法语相近的语言，每年的会考都有这个专业，而且名额也很多，所以，学习和准备考试的时间都会很短，相对容易获得通过。西班牙语也一样，如果坚持学西班牙语，我可能22岁就获得了师资合格认证。可是，我获得汉语师资合格认证时已经28岁了。你看看，22岁和28岁差距很大。我认为，汉语是远距离语言，而由于与法语相差很大，学的时间要很长。这是一种挑战，这种挑战感很重要。如果没有对中国文化的浓厚兴趣，你可能会放弃。

所以，从1975年回国到我获得汉语师资认证，我是做了三条线的事，一是在中学教书，二是在大学里兼课和做鲁迅研究，三是写博士论文。这三年对我来说应该是非常非常重要的时期，一方面结束了过去的研究，另外一方面又开始了新的工作领域。

在这三个工作中，我感到最舒服的是教高中生汉语。我站在学生面前,而且是同时站在大学生和中学生面前,给他们讲汉语语言课和中国历史课。在高中,我当时主要教的是现代汉语。实际上,我未接受过任何教学的培训,当时也没有培训专家。我喜欢教书并且教得也比较好,很大程度上得益于小时候看我父亲教别人,我现在越来越清楚地认识到了这一点。当时,汉语是法国高中正规的课程,也就是说我教的那些学生要参加汉语考试,就是现在很多欧洲国家都做不到这一点,可法国1978年的时候就已经是这样了。当然,从程度上说,学生们也只是能认一些汉字,大概是认400个汉字,能达到一个基础水平的口语表达和听力。也就是说在中国的日常生活应该是没有问题。虽然只能是初级水平,但是,学生们同时也对中国文化有了初步了解。

我特别想强调,我在高中教的是正规课,不是一般的讲座,所有选课的学生都得去学习。这是法国的特征,是正规的课程,不是兴趣班。当然,中文班跟其他的班不一样,有一种特殊的气氛。这些学生告诉我,他们很自豪地对其他同学说他们上中文课,就跟我当初一样。我当时就想要学别人没学过的,所以选了学汉语。我的同学大多都去学西班牙语、英语等相近的语言。所以,我的这些中学生有着和我当年一样的心境。他们当时也有很多种语言学习的选择,其中之一就是汉语。所以,他们是主动选择学习汉语的。和现在不同的是,当时开汉语课的并不多，而且大多数情况是当作第三外语学的。第三外语的意思是，学生只从高一开始学到高三，正规的课程学三年。不过，我在巴黎第八大学教的是中国当代历史，肯定不会教法国历史。我对中国当代历史一直很感兴趣，读过很多书，看过不少文章。所以，我觉得我能胜任。可是也许是因为教的是大学生，也许是因为不是我的专业，所以我当时觉得还有一点压力，必须得备课了。

通过了汉语专业师资合格认证，并不意味着马上就可以当教授汉语的老师，还得有一年的实习期。所以，我从1978年开始实习了一年，主要到别的学校观察一些熟练的老师怎么教课。那时候，我很明显感觉到，我应当从事汉语教学。所以，我就开始脱离了哲学专业，但对它的兴趣到现在还有。但是，作为一种职业，我明显地转向了现代汉语。但是，1978年时，在大学兼课，我还都属于合同制的老师。在大学，如果想当上一个正式的教师，也就是说要当一个副教授，必须得具备一个条件，那就是博士学位，而恰恰在1978年，我已经通过了博士论文答辩，获得了博士学位。

说实话，如果换成别人，拿到了博士学位，汉语教学方面已经开始有一点发展，那他一定赶快朝大学教师的方向走，因为毕竟副教授比中学老师的地位高。但是，我不一样。我首先考虑的并不是去大学作为正式的副教授。说实话,在中学教汉语倒是让我感觉特别舒服,因为这是个终身职业,可以积累很多很多的经验。直到现在,我仍认为真正的教学不在大学,而是在中学。中学的师生关系没有分工,你什么都管,口语教学和书面教学要平衡,文化和语言之间的关系都由你来平衡。课堂教学只有中学才有。大学就不一样,大学老师主要是传授知识,少有互动,学生多,老师分工也很细,有的讲语法,有的讲口语,有的讲写作。但是,在中学,我当时什么都讲,已经加入现代的教学法了。我认为,外语,无论是英语、西班牙语还是汉语,真正有活力的教学法就在中学,而不在大学。在这方面,大学实际上还处于一个原始时代。什么意思呢?比如,在英语系或西班牙语系,你问他们的主任教学目标是什么?他们也就是说拿到学士学位而已。你问一个学西班牙语的学生,他用西班牙语达到了什么目标,用西班牙语能做什么,能不能详细地描述阅读理解、听力理解、口头表达等方面目标?他们都回答不出来,或者回答不知道。你去问英语系同样的问题,问中文系同样的问题,他们都会说不知道。所以,我说西方大学的普通外语系在教学法方面还处于原始时代。比如说,你问他们对外语评估有什么看法?他们几乎从来没有想过这些问题。但在中学,这是几乎每天或每次培训班都谈的一个问题,评估现在是越来越热门的话题。所以,真正的教学法，真正具有活力教学法已经融入的地方就是在中学。

1991年，巴黎第七大学有一个副教授位子。在法国，每个教师位子都有相应的专业，或是历史，或是其他什么专业。我一看这个招聘位子，竟然是中国语言。于是，我就抱着试一下的想法去应聘了。结果，我真的通过了，获得了这个教职。我们有好几个人参加面试，但只有我通过了。

所以，1991年我就离开了从教十几年的中学，到了巴黎第七大学。但是，中学的那些年可能是我收获非常丰富的一个时期，而且在教学法方面做了一些有很多创意的工作。其中，最主要的创意就是编写了那本我敢说现在全世界都知道的教材。北大汉语语言学著名教授陆俭明在几年前就写过一篇文章，大大地肯定了我这个教学思路。这本教材的销量很大，至今发行已达十五万册，出版是在1990年，可我写这本教材的时候却是在中学教汉语的时候，也就是在20世纪80年代写的。这本教材到现在销售量还是很大的。所以，没有在中学的教授汉语的经验，我可能不会写这样一本书。

说到这儿，我还得回过头去讲讲20世纪80年代在中学教汉语的经历。直到今天，我特别自豪的一点，实话说也可能是我做得最好的一点，就是在法国是我最早带领中学生来中国上汉语短训班。第一次是在1981年的时候。我任教的是巴黎名牌中学，非常有名，一直是

与北京大学陆俭明教授合影

重点学校。这所中学的名字叫阿尔萨斯学校,但是,由于历史原因,它不是位于巴黎东部,而是在巴黎市中心,离卢森堡公园不远。阿尔萨斯中学是十四年一贯制,从幼儿园到高中毕业。这所学校的精神是非常开放的。早在1963年,它就在巴黎市区的中学里第一个开设了汉语课程。要知道,那时法国与中国还没有建交。当时,有人找到学校的校长,问能不能开一点汉语课。校长说为什么不呢?校长的意思是说可以,他的思想是很开放的。校长没说这个建议是什么奇怪的想法,更没有反对。另外,这个建议也得到了一些汉学家的支持。所以,从1963年,阿尔萨斯学校就成了巴黎市区第一所开汉语课的中学。我就是在这所中学度过了美好的十年。校方特别支持汉语教学，所以我每次有些想法时，校长都非常支持。我可以讲两件事。

第一件事发生在1981年。某一天，我去找校长，说我有一个想法。校长说，什么想法？你说说看。我说，我的这个想法到目前为止还没有任何经验，别的学校都没有做过。校长说，没关系，告诉我你的想法是什么？我说我想带我们学汉语的中学生，比如高二的学生，暑假时能去北京上一个短训班，这样可以直接接触中国。校长连一秒钟都没犹豫，马上就说，没有问题，你做什么我都支持。不过，校长同意后，我自己反倒开始有点担心了，因为我在这方面没有任何经验，也不搞旅游业，不知道跟谁和怎么打交道。在这方面，我

和学生一起在故宫留影

做了不少努力,最后决定与北京的景山中学建立校际交流。我是最早跟景山中学打交道的法国人。经过两年的努力,我终于在1983年7月初带33个高中生来到了北京。这是历史性的事件。现在高中生来中国短期培训的数都数不清,可在当时暑假来中国学习汉语的中学生并不多。我第一次带33个中学生来到中国。这批中学生中后来出了不少人才。其中有一个学生,当时17岁,现在成了我的同事,是巴黎第七大学中文系研究中国经济的正教授。他们当时选择学习汉语不容易,我带他们来中国学习当然就更不容易了。这是当年的合影,我太太也带小孩随团来了。

在这之后,在20世纪80年代我又多次带阿尔萨斯中学的中学生来北京上暑假短训班。有意思的是,1986年那次出现的"差错"还促成了一桩姻缘,这次中方接待单位是北京语言学院。我刚开始带队时到中国都是聘一个学中文的高年级学生作为陪同,他们办事能力强,而且能够直接用中文处理问题。1986年那一次的陪同是一个很棒的小伙子,19岁,我给起的中文名字叫李克然。由于没有买到巴黎到北京的直飞机票,我们需要转机香港,从香港再飞北京。在香港过了一夜,我们第二天早上再去机场。过关的时候,我在队伍后面负总责,看看有没有学生落下。就在我快到海关的时候,听到旁边一个中文名字叫李德玲的女生小声地说:"我的护照！"我脸都吓白了！到底发生了什么事？原来她把护照放到托运的箱子里了。我马上意识到，李德玲今天没有办法和我们一起去北京了。于是，我就对陪同的那个小伙子说："李克然，留下陪她吧。"我相信他会有办法。其他学生已经登机，作为负责人我也必须和这些学生在一起。于是，我在慌乱中给他们写下了我的一个朋友的地址，然后赶紧跑上飞机。坐在飞机上的同学都吃惊地看着惊魂未定的我，而且他们已经发现少了两个人。在飞机上，我立即与空姐沟通，幸好她当天还要飞回香港，我请她将护照带给那位女学生。到了北京，我立即找到那个女学生的箱子，拿出护照，交给了空姐。在这过程中，由于语言的误会，我等错了地方，差点与空姐失之交臂。

到了北京语言学院，我一直在学院的大门口等他们。当时也没有现代化的通信工具，根本无法与他们联系，我只能焦急地等着他们的消息。按照规矩，到了北京我应当与法国学生的家长取得联系。我实话实说了，说我们有两个人落在香港了，并嘱咐女学生的父亲不要告诉她的妈妈，等有消息我会立即与他们联系。等到第二天，在黄昏的灯光下，我终于看到一男一女两个人慢悠悠地向学校走来，原来就是李克然和李德玲。我高兴地迎上去，焦急地向他们了解情况，你们住在哪儿？这两天遇到什么问题没有？怎么买的机票？小伙子不慌不忙地说,您不给了您朋友的地址了吗?我们住得可舒服了,机票什么的也没有问题。

这两天对我来说是最心焦的时候,可对他们俩来说却是浪漫的。6年之后的某一天,我收到这一对年轻人的婚礼请柬。婚礼举行的地点就在北京的南堂,宗教婚礼之后,晚上又举行了中式婚礼。新郎新娘披红挂彩,新娘戴着红盖头坐着轿子,放鞭炮、吹唢呐、跳火盆,整个过程还上了中国电视。因为红色是中国传统的吉祥颜色,所以他们让来宾都穿上红色的衣服。他们邀请了80多位法国亲友,其中绝大多数没有来过中国,并不了解中国。所以,这对小夫妻精心准备了一个"红宝书",也就是红色封面印着喜字的小册子。这本精巧的观礼指南为法国亲友画了北京的地图、乘车路线,上海、西安等地旅游景点介绍,还有中国的生肖,甚至按字母发音给每个客人起了个中文名字!他们邀请我写个序言。我在序言里描述了六年前发生在香港的那一幕,毫不夸张地说,这是我非常得意的一篇作品。以后,我常到他们在巴黎的家做客。他们两个都非常热爱中文,家就像一个中国博物馆。我再带学生来中国的时候,邀请他们作陪同。

第二件事情是我向校长建议在小学进行汉语教学试验。说实话,我当时并不是有先见之明,而是越来越意识到我个人的性格特点,也就喜欢干别人没做过的事情。我就是这么样一个人。比如学中文，我的朋友都没有做过，我就去学中文。当汉语老师时，我发现没有人带学生去过中国，于是我就带学生去中国了。后来，我又有了一个想法，能不能把中文作为一个启蒙教育呢？出发点就是以开发智力为主要目标，去幼儿园、小学教汉语。我觉得汉字是能培养智力的，像大脑训练一样，能增强记忆能力。汉字能让学生接触他们从来没接触过的一个现象，那就是声调。西方的语言哪有声调，没有，有语调，没有声调。我觉得，中文有声调，只要有机会去接触年龄很小的学生，肯定对他们的大脑和耳朵的细胞有帮助。另外，汉字在视觉记忆方面跟拉丁字母很不一样，甚至完全对立，这也能激发孩子们对别的文化的兴趣，对别的文字的兴趣。我当时也读过有关大脑的文章，发现没有人想过此问题。也正好因为没有人想过和做过，所以，我愿意去想和去做。于是我就去找阿尔萨斯中学的这个校长。阿尔萨斯中学不是十四年一贯制嘛，做这个实验方便。我当时是教中学生的老师，可学校还有幼儿园中班，他们都是四五岁的小孩子，还有小学一年级、二年级、三年级的学生，他们也只是六至八岁。所以我去找校长，我向校长讲了我的一个研究教学的计划。校长说，你的想法很新鲜，我支持。他让我去找负责小学的校长，也获得了那位校长的支持。就这样，我开始教小孩子学汉语的试验。当然，这是在我工作以外做,但非常正规。我教了好几年,每周一个课时,对象是五六岁的小朋友们,也有七八岁的。通过几年的尝试,我在汉语教学法方面收获很大。

在整个20世纪80年代,我的汉语教学是以中学为主,以大学为辅。也就是说,我在阿尔萨斯中学教汉语是专职的,而在巴黎第八大学教课是兼职的。但在这个时期,我还做了另外两件对法国乃至欧洲的汉语教学都有重大影响的事情。

1984年我和其他几个人创立了法国汉语教师协会。我当时任秘书长,三年以后也就是1987年任会长,连续当了15年。现在,我是名誉会长。这个协会对法国的汉语教学很重要。它虽然是一个民间性的协会,但是,可以为教汉语的老师搭建一个相互交流的平台,使老师们能做一点点应用性的研究或交流。在当时的法国,教授汉语的老师虽然比其他欧洲国家还是多的,但总体上人数还是很少,大学中学都加起来可能差不多一百人。到2014年,这个协会已有30年历史了,会员已达到五百多人,其规模仅次于美国。会员主要是在大学、中学甚至小学教中国语言文化的老师,他们会说中文也了解中国文化,都达到了一定的水平。

协会每年都召开年会,借用年会向教汉语的老师们提供一个相互交流教学经验的机会。比如说,你的一节汉语课的头几分钟是怎么上的?说完之后,大家评比一下。那时法国还没有统一的汉语教材,很多人用的都是自己编的教材。所以,在一次年会上,我就定了这样的讨论题目——"我的教材中的头几课"。好像请了五位老师介绍了自己编的教材,特别是编写原则是什么。大家觉得这种讨论很有意思,因为当时也没有任何汉语教学培训,这个汉语教师协会刚好给老师们一个交流的平台。与此同时,我还以协会的名义定期去找官方部门,要求支持汉语教学,如多开一些汉语教学点等。这时法国的汉语教学已经开始有所发展,但还不是汉语热。我也亲自跑到教育部提出这些要求,当时我不过是个中学老师。1988年,我以汉语教师协会会长的名义致信教育部,我说汉语是一种重要的语言,希望每年能举办一次(以前是每两年一次)师资会考认证,增加一些名额,包括创立汉语专业的特级师资会考等等。我当时已成为汉语教学这一学科的代表,为汉语教师协会花了大量的时间,可那时候是以民间团体的身份,所以事实上耽误了我个人的职业发展。

同样也是在1984年,我成为了法国一个教学研究所的汉语小组的成员。这个教学研究所研究的对象主要是与中等教育有关,而不是高等教育。以前,它下设好几种语言教学小组,如英语小组、西班牙语小组等,但没有汉语小组。1984年,它设立了一个汉语小组,成员是我和另外一个老师。研究所每周给我们一两个课时,不是上课，而是做一点应用性研究。第一年，研究所没有向我们下达具体的任务，我们俩比较自由，每个星期可以碰一次头，研究汉语教学最紧要的任务。当时，我觉得中学生学习的汉字比较分散，最后考试的难度比较大。汉语是非字母语言，非字母文字。学生考试时，有些字需要给出法语翻译。可是，哪些汉字需要给出法文翻译呢？我们怎么能知道"桑"学生们学过没有，采访的"访"学过没有，采访的"采"学过没有。都不知道。当然，我们可以估计到他们学过"月"字，学过"日"字，学过"时间"这个词，但又不能保证，因为法国没有统一的汉语教材。当时，法国教育部解决的办法，就是在考卷下面列一个法汉词汇对照表，将学生可能不认识的字用法语解释出来。可问题在于，没有统一的教材和教学标准，这不是一个很好的解决办法。让学生翻译一篇文章，下面得列出一大堆法汉词汇对照。不仅如此，由于汉语不是字母文字，"选派"一词的"选"学生可能认识，但"派"没学过，他们仍然看不懂"选派"的意思。所以，我认为这个问题最需要解决，就提出制订一个基础汉字表。后来，我把它叫作汉字门槛。

所谓汉字门槛，就是出现或使用频率最高的汉字和构词能力最强的汉字。多少呢？我们觉得，大部分学生是学习三年，而且主要是从高中学习。根据这种情况，我们找出使用频率高和组词能力强的汉字，如

"中""国""老"等等，制订了一张400个常用汉字表。然后，我们向全法国教汉语老师征求意见，向他们说明挑选这些字的理由。我们还征求了一位瑞士的汉语教学专家的意见，他对我们这个举措评价很高，说这是有史以来汉语教学方面第一个尝试，汉字必须得有门槛，不能太分散。所以，这400个基本汉字是非常重要的。后来，法国教育部就正式公布了这张汉字词汇表，并开始用它指导汉语教学。这样在高考的时候，给考生一篇短文，属于400字门槛内容的，就不给法文翻译，考生必须得知道。超出这400个字表的汉字，才给出法文解释。这样就清楚了，而且合理不乱。于是，第一个汉字门槛就问世了，这大概是我在80年代对汉语教学做出的一个贡献。后来，很多欧洲国家的汉语老师专程到巴黎跟我进行交流，认同我们提出的汉字门槛。

1990年，我获得了法国巴黎第七大学中文系副教授的教职，这是终身制的。所以，我就离开了阿尔萨斯中学。整个90年代，我都是在巴黎第七大学任教，专门负责现代汉语教学，整整工作了十年。在这十年中，我在汉语教学方面也做了很多事情。其中最重要的，一是我有一段时间当了巴黎第七大学中文系的系主任，二是负责欧洲学生交流，当时欧洲有一个学生交流项目，叫伊拉斯莫（Erasmus）跨大学的交流项目。欧洲为什么要有这样一个项目？欧洲那么多国家，语言不通，所以需要交流多，各大学需要相互认可学分。从那时开始。我一度成为巴黎第七大学中文系的伊拉斯莫项目的代表，只是负责中文方面的交流。这种交流每年搞一次，每次换一个地方。这样我就能够接触到来自英国、德国、意大利、丹麦等国著名大学中文系的老师，商谈汉语教学和学生交流等方面的事。比如，我跟他们说巴黎第七大学中文系有个非常优秀的学生，他已经申请到剑桥大学读半年，看看剑桥大学中文系能不能接受。再比如，德国一个大学的代表说他们那有一个学生，希望能到巴黎第七大学读三个月或者半年，看看巴黎第七大学能不能接受。每所大学交流项目都是有名额的。所以，我作为巴黎第七大学伊拉斯莫项目的代表接触了欧洲各国的许多汉学家，真正的汉学家，受益很大，对我后来的发展影响很大。

　　大学跟中学不一样，学科分得比较细，语言教学也有分工，而我主要是担任汉字课和汉语语法课的教学。另外，我同时还负责一个夜大班，主要是成人教育。学生虽然是成年人，但学出来之后是本科生。我特别喜欢教他们，因为他们的学习动机比较特殊，有明确的和强烈的学习目标，否则他们就不会晚上来上课。我喜欢给他们上课还有一个原因，那就是既要教他们汉语语言，包括语言交际、口语训练、阅读理解、汉字书写，同时也教他们中国文化基础知识，与中学汉语教学一样，是一种宏观掌控的汉语教学。夜大班每周两次，每次是两个小时。学生们白天上班，晚上学习，很不容易。我一直很喜欢这种教学对象，到现在和他们还保持联系。他们真的喜欢学习汉语，与他们的工作基本没有关系。他们是真正愿意学，上的不是启蒙班或者兴趣班。

在巴黎第七大学的时候，我主要是上汉字课、语法课和阅读课，1997年以后又上了一门研究生的课。阅读课好理解，语法课也好理解，可汉字课讲什么呢？这也是我独特的思路。我认为，中文就是汉字学，汉字学简单来说就是关于汉字的学问。拉丁字母有拉丁字母的学问吗？不能说没有，可是很少。你能讲关于拉丁字母的学问吗？能讲多长时间？至多一个小时。你让我上汉字课，我讲上三年没问题。所以，我提出开设汉字学这门课，中文系同意了，东方语言学院也同意了。巴黎第七大学有韩语、日语、汉语和越南语。我提出开设一门语言的一个汉字课，日语系的学生、中文系的学生，还有韩语系的学生都能来上。这三个系也都同意，都支持。汉字课与语言也有关系，与词有关系。完全可以讲上两年，一点问题也没有。现在国际上有不少人提出这个汉字课没必要讲，但是，我觉得本科上这门课是很有必要的，应当单独开。比如说，你每次介绍一个生字时，除了讲有关这个字的学问、知识之外，还可以展开所生成的组合词，这样才能掌握这个字的核心意思、基本意思。

在90年代，除了参与伊拉斯莫项目之外，因为已经是巴黎第七大学正式的副教授了，所以，我就开始参加与中国语言文化有关的国际学术会议。我记得，第一次参加这样的学术会议不在中国，而是在德国的海德堡大学，那是1992年。我记得很清楚，中国也有一个代表团参加，带队的是著名对外汉语教育专家、北京语言学院院长吕必松先生，他后来成了中国国家对外汉语领导小组的成员和汉办主任。出席会议的，还有许多来自西欧和北欧的汉学家。在这次会议上，我第一次发表了在汉语教学方面的论文。不过，当时汉语教学还不是大家公认的一个学术领域，还没有这方面的博士生导师，我当时还是副教授。

1993年8月，我第一次到中国参加有关汉语教学的学术会议。在第四届国际汉语教学讨论会上，我当选为世界汉语教学学会常务理事，当时的会长是吕必松先生。这个学会1987年8月在北京成立，参加者主要是世界各国从事汉语教学、研究和传播的学者及相关机构，是在中国民政部登记注册的，与联合国教科文组织有合作关系。在世界汉语教学与研究中，这个组织是很有影响的。在常务理事中，只有两个欧洲国家的，一个是我，另一位是德国的柯彼德教授。现在，我是这个学会的副会长。自从这一年起，我就开始经常去参加与汉语教学或中国语言文学相关国际会议，我的工作语言都是中文。但也有几次例外的情况，我不得不用英语，但感到非常吃力的，不像用中文那样自如。比如，近几年德国汉语教学学会邀请我参加他们的学术年会，他们头天晚上才临时通知我，因参会的一些代表不懂中文，所以让我用英文发表我的主题发言。

与此同时，我也继续写学术性文章和出版专著，都是有关汉语教学或中国文化方面的。其中，我感到最满意的是我编写的那本汉语教材。它出版于1989年底1990年初，那时我还没到巴黎第七大学。它不是一般的教材，里边有独特的教学思路。别人同意不同意这种思路是另外一回事。在学术文章方面，我比较满意的一篇是一篇关于字本位的论文，1996年发表在《世界汉语教学杂志》，它是我们汉语教学领域最权威的杂志了。

到了90年代末，我开始注重现代科技在汉语教学中的运用，如录像。所以，我就有一个想法，以视频小品的形式，让几个人表演一分钟，来显示汉语语法的特点。这是我个人的一个创意。比如，"把"字句是汉语的一个语法点，但法语和其他语言中没有类似的语法，西方人的思维方式里没有这个"把"字。没有这种思维习惯，学生理解"把"字句就特别难，更不会运用。怎么办？我有一个想法，制造一个小小的情景，尽可能地来一点点幽默，搞个一分钟的小品，效果会更好。就这样，我编写了一本教材，然后根据教材的内容再搞个录像教材。录像教材是以视频的方式，表演形式，让汉语学习者接触一些语法点。当时还没有人这样做过。我另一本比较满意的书是一本汉语语法教材。有关汉语语法教材早就有了，可是我写的这本教材当时比较新鲜。它论述的不是所谓的专家语法，专家语法是以知识为主的，就是必须得具备一定的语言学知识才能看懂。我觉得，专家语法当然是需要的，可不对学生的口味。学生需要的是一种教学语法。教学语法怎么定义？这是可以讨论的。我很早意识到了教学语法的需求和重要性，所以决定写一部教学语法，也就是从学习者的角度来讲汉语语法，通俗易懂，同时又很科学，但不像专家语法那样形式十分死板。

对我来说，90年代之所以重要，还有一件很重要的事情。1997年，我被评上了博士生导师。博士生导师在不同的国家可能有不一样的意义，在法国是一个很重要的资历，也可说是一个文凭。也就是说，在法国博士不是最高的文凭，学士、硕士、博士之外，还有当然很少人才能拿到的是博士生导师文凭，而获得博士生导师文凭也要经过答辩。这样，我就能够指导研究生了，不光是硕士生，还有博士生。获得这个资格的基本条件是要审查通过博士论文以来所出的专著和学术性文章。评委比较严格，首先审查你自从通过博士论文以来发表过的有一定分量的专著和学术性文章。如果不够的话，就不给你开绿灯，你可能还得等两三年以后才行。然后，相关部门找一些校外专家，包括一些国外专家，对你的学术成果进行评价，看看够不够资格。最后，学校的学术委员会根据专家的报告决定你是否有资格答辩。到了答辩这一步，在一定程度上学术委员会给你开绿灯，那就算没问题，你已经就可以了，答辩是比较形式的。可是，博士论文的答辩很不一样，是打分的。如果评委的评价不好，那么，论文就很难通过了。

所以，1997年我获得了博士生导师的文凭。最重要的是，我是以汉语教学为专业的，这在整个欧洲还是第一次，即明确以汉语教育论或者教学法为专业的。我当时还是副教授，就跟别人很不一样。为什么？任教授的首要条件就是看你有没有博士生导师这个文凭，也就是说，你只有先任博士生导师，然后才能申请正教授的位子，有位子你就去申请，去参加面试。所以，我是法国乃至整个欧洲第一个有以汉语教学论、教学法为学术专业的博士生导师资格的人。所以，从1997年开始，我就在巴黎第七大学开始讲汉语教学法这方面的课，同时也指导研究生，开始时主要是硕士生。

1998年，我被任命为法国国民教育部的兼职汉语总督学。早在1977年，法国教育部任命了一位兼职汉语总督学，是东方语言学院的教授于儒伯（Ruhlmann）

先生。当时汉语教学的规模虽然比较小，但为什么还是必须得有一个兼职总督学呢？因为在当时已经有不少考生，他们在高考的时候需要考汉语科目，所以教育部必须得有一个兼职总督学负责认定和审议汉语考试。然而不幸的是，80年代初，一次他去听课，遇上交通事故去世了。我特别喜欢于儒伯先生。接替他的是另外一位汉学家 COYAUD 先生，中文名字叫郭幽，他也是一位语言学家，也是博士生导师，但是专门做研究的，不太懂教学。1998年，郭幽退休了。他来找我，说想推荐我做兼职汉语总督学，问我感不感兴趣。他知道我对汉语教学确实一直很投入。我说可以。然后，他可能是去教育部推荐我，但最后要由教育部长决定。过了三四个月，郭幽先生给我打电话，说看来你接任汉语总督学要有问题。我问他是什么问题。他告诉我，教育部研究你的资料，发现你是法国汉语教学学会会长。我说这有什么问题呀？他说，教育部觉得汉语教学学会会长这个民间团体的职务与汉语总督学之间有冲突。我当场跟郭幽先生说，我不会放弃汉语教学学会的领导职务，没有我，这个团体怎么办。因为不是追求什么地位，过了两三个月我就忘了这个事情。有一天，我偶然回到阿尔萨斯中学，碰见了校长。这个校长原来是我的同事，一见面就对我说："祝贺你呀，祝贺你！"我问他祝贺我什么？他吃惊地说，"你怎么了？难道你没有看教育部定期公布的那个小册子？你被任命为兼职汉语总督学了！"我说我不知道，真不知道。就这样，从1998年开始，我就当上了兼职的汉语总督学。兼职的意思就是没有工资，但可以到任何全国地方去听汉语课，相应的费用报销没有问题。

2000年，我得知法国著名的，也是历史最悠久的巴黎东方语言文化学院公布有一个正教授的职位进行招聘。我当时觉得自己没戏，因为东方语言学院已经有人申请，我估计可能他会拿到这个教职，所以我就不想申请了。但是，巴黎第七大学的同事鼓励我去试一下。我说，算了吧，人家肯定内部已经安排好了。同事们说，你还是去试一下吧，不然的话人家会觉得你太傲慢。听他们这样讲，我说，那好，我去试一下。结果出乎意料，我获得了通过。所以，我从21世纪开始就成了东方语言文化学院中文系的正教授。

东方语言文化学院太值得大书一笔了。它是全世界教授语种最多的大学，共有93种语言，这是第一。第二，它的历史非常悠久。东方语言文化学院本身是法国大革命的产物，是根据1795年颁布的法令正式成立的。但是，它的前身早在国王时代就存在了，正式成立就是法国大革命期间。开始时，它并没有中文，只有阿拉伯语、土耳其语，还有波斯语，后来不断增加一些其他的语言。1840年，东方语言学院才开汉语课，1843年正

式成立中文系。但是,汉语教学在法国的历史应当说最悠久,或者是最悠久的之一,应当说是从17世纪开始的。17世纪末,虽没有真正的汉语教学,可是,已经有对汉语语言文字最早的比较科学、比较理性的认识和介绍。这是由一个法国传教士开始的,他的中文名字叫马若瑟。1813年是全球汉语教育的一个里程碑。在这一年,著名的东方语言文化学院设立了西方国家第一位汉语汉学教授席位,一位中文名字叫雷慕沙的法国学者担任了整个西方国家的第一位汉语汉学教授。如果从这一天算起,正式的汉语教学在法国已有200年的历史了。1843年,东方语言文化学院设立的中文系,也是现代意义上的世界第一个中文系。从19世纪中叶起,法国就有汉语教学的师资队伍,有这方面的汉语教材。雷穆沙教授1814年就在法兰西学院担任中文教授，他的一些学生后来也相继担任东方语言文化学院中文系的教授，他们编了汉语教材。雷慕沙教授本身是教古代汉语，但在他任教授之后，东方语言文化学院就开设现代汉语课了。在法国，大学基本上都是国立的，只有精英性质的商学院才收学费什么的。国立的只收注册费，注册费不高。但是，国立大学对国家来说负担是很重的。

后来到了1900年，里昂大学在当地工商会的大力支持和帮助下，也设立了正规的汉语课程。又过了几十年，波尔多大学、艾克斯-马赛大学、巴黎大学也都陆续设立了中文系。1958年也是法国汉语教育史上的一个非常重要的时间点。在这一年，位于巴黎大区东南方向的蒙日隆（Montgeron）中学里开设了一门正规的汉语课程，这不仅在法国而且在整个西方国家都是第一次。众所周知，此时法国和中国还没有建立外交关系。三年之后，也就是1961年，这个学校的高中生通过了中文专业的高考，这在西方国家也是第一次，在法国汉语教学的历史中也是一个里程碑。

进入到巴黎东方语言文化学院，我的汉语教学事业又登上了一个新的台阶。东方语言文化学院是一所水平非常高的大学，很多很多外交官都是进过东方语言文化学院的。它的中文系在法国各高校的中文系中是最大的，比巴黎第七大学的中文系大多了，一度有上千名学生。各种身份的教职员有四十多人，当然也包括兼课的，正教授好像有7位，副教授是34位。其他老师有中国公派的，也有兼课的。我任东方语言文化学院教授是从2000年开始，当时50岁。我一生中换了好几次教学单位，这时我想一直到退休，估计以后不会再换工作单位了。当上了兼职汉语总督学之后，我工作变得越来越忙，做过不少事情，从来没有休过学术假。当然，我最投入的工作还是汉语教学。我教的学生从本科一年级到硕士生，上的课有词汇学、汉字学、阅读等。东方语言文化学院中文系的学生是全日制的。从2000年开始，汉语学习突然在法国开始热了起来，每年有很多很多新开的教学点，我必须到每个教学点指导工作，帮助他们解决教学上的问题。

我做兼职汉语总督学期间主持修订了汉语教学大纲。2002年教育部公布了所有外语教学大纲新的版本，其他的语言只是更新，汉语以前没有完整的。所以，我先后在2000年和2001年主持编写汉语教学大纲工作。这是一个非常庞大的工作，终于在2002年完成并正式公布了。这也是法国到现在为止唯一的一份全面的汉语教学大纲，欧洲其他国家都没有。所以，欧洲国家都借作参考，包括通过翻译而准备引进法国公布的这份大纲。

上面讲的这些是我教学以外的工作，法国各地的中文系如此，可以想象到我会忙到什么地步。有时，马赛、波尔多等外地的汉语教学点有一些急事要解决，我必须得去。那什么时候去？我只能在两节课中间赶快坐火车、乘飞机去，好像是同时做两个工作。说实话，当时非常辛苦。所以，我也不得不给教育部写信，说现在汉语教学面临着新的形势，在规模方面有一个新的飞跃。我拿出许多数据来证明这些，希望教育部能够重视，安排专人负责全法的汉语教学。我给教育部写了好几次信，都不是为自己申请任何职位，而是向他们说明法国汉语教学中亟待解决的问题。2005年，我从教育部办公厅获得了一个消息，说教育部已经意识到这个问题，但如何解决有不同的意见。很多人认为，白乐桑兼职总督学确实很辛苦，法国的汉语教学有了一种新的飞跃。因此，可以设一个地区督学。法国的督学分地区督学和总督学两种，总督学是教育部的，地区督学是每个学区的。当然，不论是哪种，都是学科的，如数学地区督学，英语地区督学等等。我觉得不管是地区督学还是总督学、只要能帮助我分担责任就行。教育部为什么这么做，我从来不知道。我觉得，这可能是因为他们认为当时出现的汉语热不会持久，也许只是一时而已，所以没有设一个专职的总督学的必要。但到了2005年年底，教育部办公厅间接地跟我联系，也就是通过外语总督学主任打电话给我，说教育部的态度有了变化，现在倾向设一个专职的汉语总督学。我本来以为这是一个新设职位，其实不是，而是从别的专业拿过来的。所以，这位主任给我打电话，问我申请不申请这个职位。如果我不申请的话，教育部就不公布了。我对他说，那你给我两三天的时间想想。我一直搞汉语教学，从没有想过要离开教书第一线。我思考了好几天，觉得这个职位对于汉语教学这个学科太重要了，这不是我个人愿意不愿意的问题。所以如果错过这个机会，汉语这个学科可能难以建设起来。所以，我打电话告诉外语督学主任，说我愿意接受汉语总督学这个职务。

2006年3月1日，法国国民教育、高等教育和研究部部长吉勒·德罗宾在巴黎召开新闻发布会，宣布为了向全法国的中学推广汉语，教育部正式任命白乐桑为汉语总督学。就这样，我成为了法国国民教育部的第一位汉语总督学。从这一年起，我在大学里不再教本科，不再承担语言教学，只是作为博士生导师带研究生。同时，我的"工作单位"也转到了教育部。总督学的任务，简单地说，就是掌管某一种语言的政策。所谓的"政策"，比如说"汉语政策"，主要包括制定和发布一些纲领性的文件，如汉语教学大纲、各种汉语考试政策，推广汉语等等。总督学还有一个任务，他要协调与指导各个地区的督学。除了总督学，每个学科还有地区督学，如语言、生物、数学、历史、地理、外语等学科都有。他们均由总督学负责从教学理念、学科方向等方面进行协调。汉语与其他学科不同，它在国民教育体系的基础教育方面，只是一个刚刚崛起的学科。所以，作为汉语总督学，我的主要使命就是使汉语的教育学科能够跟上其他语言，也成为主流学科。到了2013年，法国的汉语教学也有了统一的教学大纲，完整的学科规范，基本上已经像英语、西班牙语、俄语一样齐全了。

# 第六章　以字带词的汉语教学法

1996年,我在杂志上发表的一篇文章中提出:"目前汉语教学面临着危机。大部分教材没有抓住汉语教学中最根本的问题,即怎样处理'字'这一语言教学基本单位的问题。确切地说,无论在语言学和教学理论方面,还是在教材的编写原则和课程设置方面,都不承认中国文字的特殊性以及不能正确处理中国文字和语言所特有的关系,这是汉语教学危机的根源。"我的这一番言论彻底引发了汉语教学界的"字本位"与"词本位"之争。其实,汉语教学以"字"为本,一直是我的基本思路,我最早写的那本汉语教材是典型的"字本位"。它出版后不久,就有中国学者发表评论说,白乐桑教材的基本思路是"字本位"。再后来,发表评论的人越来越多,有支持我的,也有持不同意见的,逐渐演变成汉语教学中的"字本位派"和"词本位派"。

本人所说的"字本位"主要是指我的"以字带词"的汉语教学方法,其内涵是承认汉语具有两个语言教学单位而不止一个,即字和词。法语、英语、西班牙语等都是表音文字,教学的基本单位就是词,没别的。词又是什么?我们对词的定义很简单,以法语和英语为例,词就是两个空白之间的字母,如 China、is,在 China 和 is 之间有空格,那么,China 和 is 就是两个词。中文呢?中国自从 50 年代开始出版的汉语教材都套用西文的模式,也强调词,如老师、teacher。对西方旁观者(即说的不一定是专家)而言,说 teacher 是个词,那很好理解,因为字母之间没有空格。可是,"老"和"师"之间有空格,各是一个单独的字。那么,"老"是什么意思?到处看,找不着,"师"又是什么意思?到处看,找不着。下面一课呢,又出现了"老人"这个词。这个词的第一个字和"老师"的第一个字一样,为什么?到处找,找不着。

上面这个例子表明,当时中国汉语教学的这个思路是为了靠近西文,否认汉语不只有一个语素单位。"老师"说起来或听起来就是个词,但要写两个语素单位,"老师",还有"老"和"师"。这就是我们所说的语素,表意单位。中文是语素非常突出的语言。"教授"一词有多少个语素？两个，"教"和"授"，但说起来就是一个词。那也就是说"教授"这个词读起来是两个语素单位，但就是一个词，这是中文的特点。可是，法文或者英文，说起来是 teacher，读起来就是一个语素。所以，我的一个很简单的看法，那就是中文的独特性在于，字也是基本单位，而西文词是基本单位。你只要承认这一点，那就会产生很多很多其他方面的教学法。可是，你若不承认，那你就会违背一个教学最基本的原则。我把这个原则叫做经济原则。

什么是经济原则？所谓经济原则，就是省力原则，是任何科目必须遵守的原则，用尽可能少的资源达到最佳效果，问题在于不把字作为单位的路子不能把经济原则应用在字的层面。所以，我的汉语教学思路和观点当时是反潮流的，但是遵守了汉语的本来规律。中国的主流汉语教材，当时由于种种原因，是违背汉语的本来规律的，也就是不讲字，只讲词。可是你不讲字，一个外国的初学者，一个零起点的学生马上会举手问，"中国"是 China 的意思，可是，第一个字"中"是什么意思？第二个字"国"又是什么意思？对外国学生来讲，"中"和"国"的相关信息是两个基本信息，为什么呢？因为它们都是独立的语素单位。我主张，汉语教材应当分别标注"中"和"国"这两个字的基本解释，这样做有助于学生消化和扩大自己学到的知识。比如，碰到"大国"一词，他会知道这个"国"不是"中国"的意思，而是"国家"的意思，从而学生可能会有一种自主理解能力。他们碰到"中学"一词，因为学过"中国"的"中"，而且对"中国"的"中"的基本意思有一个印象，就可能会自主地去理解"中学"，至少能更好地记住"中学"。中文是表意性很强的语言，所以识字是最重要的，然后才是组词。西文字母是先表音，然后从音再到意，而中文不一样。

根据80年代在阿尔萨斯中学教汉语的经验，我逐渐总结出自己的一套教学思路或者说是一种教学方法。我的学生是初学者，即使到了高中毕业班也还是处于初级阶段，远远达不到阅读所需要的能力。为什么？因为汉字太多。我特别要强调的，汉字不是很难，而是太多。三年之间每周两三个课时，怎样可能达到三千个字的词汇量？不可能。不仅如此，汉字博大精深，学生们同时还要学口语，练听力，也要了解中国文化等等。所以，我觉得他们最多也就可能学400个汉字左右，只能达到一个汉语入门。但是，汉字那么多，学哪400个汉字呢？我主张尽可能学习那些使用频率最高、构词能力最强的400个汉字。用什么标准来挑选这些汉字？我提出了自己的思路或标准。后来有人说我的思路就是以字带词，而不是以词带字。

怎样解释这两种思路的差别？汉语教材不是有一些人物对话吗，我的教材里边的人物的名字是什么？一个叫王月文，另一个叫田立阳。中国的一本对外汉语的教材，针对的也是零起点水平的学生，里面对话的人物叫琼斯，叫玛丽。琼斯的琼，一个王字旁，一个京，它出现的频率怎么样？频率很低很低的。"琼"，你日常生活当中，在平时的阅读当中哪里经常有"琼"字啊？可是，这本教材的编写者把"琼"字放在教科书，给我们老外看。这是以用处不大的字占用你记忆的一部分。这是典型的忽略了汉字的、以词带字的路子。如果要是重视汉字教育的话，那必须重视它的使用频率和复现率。先学什么，后学什么，这是任何一个科目要遵守的规律。比如说，我教您法语，是先教您"您好""再见"呢，还是先教您一些很复杂、很专业的词句？一定是先教您"您好""再见"，是吧？复现率问题，先后的问题等，教材编写者首先应当考虑。那本教材先来一个"琼"字，而不只是这个字，还有很多出现频率很低的字。这反映了教材忽略了汉字作为一个基本的语言单位，忽略的不仅是字的表意，还有它出现的频率。所以，我以字带词，选择出现频率高、组词能力强的字，后来人家给我戴上了字本位这个帽子。然而，我说先学的这 400 个字，尽可能是能达到最高的覆盖率的，这才是符合经济原则的汉语教学路子。

在这方面,我做了一项比较细致的工作,既照顾日常生活交际,又控制汉字数量。什么意思?我举一个很简单的例子。我的教材中有一课书是讲喝饮料,你喝什么饮料?喝一杯什么饮料?那么,我在课文里边放进了什么饮料?我放进了茶、花茶、水、凉水、酒、红酒,还放可口可乐。我没放什么?没放雪碧、咖啡。为什么?因为雪碧的"碧"对一个刚刚学会了100个字的外国初学者,这个"碧"以后干什么用?频率和组合能力均很低。他们毕竟不会把中文学到头,只是学三年。我也知道学三年汉语,每周两三个小时,根本达不到阅读所需要的能力。所以,我就把"雪碧"淘汰掉,顶多只是教他会说,写就不用了,或者允许他用拼音写"雪碧"。但是,"可口可乐"就不同了,我不允许学生用拼音写。"可口可乐"是很理想的汉语组合,因为学过"爱"以后,学生能够组成"可爱"。因为有口字,可以组成"入口""进口""出口""门口"等常用词。"乐"字就更有用了,可以组成"快乐""生日快乐"等等。所以,我选的都是常用字,用它们组成常用的词,以此为标准来控制字的数量。这就是所谓的字本位。

同时,我的教材在选汉字的时候,还应用了经济原则。实际上,经济原则应用在任何科目的教学中都是首要的,不然的话,你的教学效率会很低。可是,这个原则应用在汉语教学方面还有一个特殊性,这很简单,这就是我先教日常生活常用的字。"雪碧"这个词常用，但"碧"这个字不常用。怎么处理？这是我面临的一个问题。我提出这是一个问题，谁都不能否认。这不是我发明的，这就是中文。西文是没有语素突出的问题。法文不是表意文字，英文也不是。所以，人们只是考虑到法文或英文单词的频率就够了。可是，中文有词有字，你承认这一点的话，你就得想法处理。所以，后来我就本着以字带词并兼顾经济性的原则，提出并完善了我的汉语教学法，出了一些相关的遵守汉语本来面目的练习。但说实话，我没有想到这会在汉语教学界引起了"词本位"还是"字本位"的争论。

当然，我开始时是少数派，尤其是在中国，更是极少数派，因为我编的教材是在法国出版的或是英文版的。中国出版的对外汉语教材大部分是词本位的。虽然从一开始就有人对我在教材中提出的以字带词的教学法有不同看法，但是，真正大的争论还是在我1996年发表那篇文章之后。最早是北京语言大学的对外汉语教学专家吕必松先生对我讲起这种争论的。他当时是北京语言大学的校长，后来兼任中国国家汉办主任，被认为是把对外汉语教学作为一门学科的创立者。1987年3月，在中国召开的一次国际汉语教学会议上，吕必松先生首先提出对外汉语应当是一门独立的学科。当时，他和与会大多数学者一样主张词本位。1992年，我在德国海德堡的一次国际会议上碰到他。那时,我已经认识他了。会议中间休息时,他找到了我,告诉我中国汉语教学界已经有人讨论我的"字本位"汉语教学法了。他还问我,"字本位"是不是语素本位。我回答说,人们可以这么说,但是,语素和字还不完全是一回事。在交谈过程中,我发现吕必松先生开始对我的"字本位"感兴趣了。不久之后,他也成为最支持"字本位"的中国学者。现在,他已经出了很多这方面的著作,主张研究汉语的组合规律,成了坚定的"字本位"支持者。

吕必松不仅是现代对外汉语学科的创始人,而且任过世界汉语教学学会的会长。在他之后,北京大学的著名语言学家陆俭明教授接任世界汉语教学学会的会长,他也是汉语语言学的权威。可能是因为接替吕必松先生任世界汉语教学学会的会长,所以陆俭明教授也开始对汉语教学感兴趣了。四年前,他在上海召开的一次国际学术会议上发表了一个演讲,题目是"我对字本位的看法"。前年,这篇演讲在中国一个核心刊物发表了。当时,我刚好也参加了那次会议,拿到会议议程一看,陆俭明教授要讲对字本位的看法。由于事先没有交流,我当时真的不知道他会有什么样的看法。我知道他是语言学出身,又是现代汉语语言学著名专家,心想他对我的"字本位"也许会有保留意见,或者会有不同的意见。陆俭明教授从纯语言学的角度没有把字作为一个独立的单位。这与另外一位北京大学教授徐通锵先生的观点不一样,徐通锵先生坚持字是汉语的基本单位,没有别的。陆教授在会上说,从汉语教学的角度看,完全赞同、支持白乐桑的思路。他的这番话是我从来没想到的,他那么权威的语言学专家,竟然能支持我的这种少数派观点!现在,"字本位"论者在中国可能仍是少数派,但在国外可不是少数派。比如,在法国,几乎所有教汉语的人对此都公认,觉得"字本位"是理所当然的。

不过,学术界对"字本位"还是缺少真正的研究。有一位北大教授做的相关研究是最细的,她是王若江教授,搞对外汉语的教学,现在在日本。在一篇文章中,她比较了三种不同版本的教材,其中就有我的那本教材。她按字词比例作为评比教材的标准,"可"是字,但"可口可乐""可爱""可能""可是"就是词。她对每本教材的字词比例分析得很细,其他两本教材字词比例差不多,大体上是1∶1.1。但是,我的教材的字词比例差不多是1∶4。所以,她说我的教材真是事半功倍,一个字可以带四个词。

其实,主张"词本位"的学者只是认为用"字本位"还不如用"语素本位",因为字本位说会造成误解,这是一种。另外,"字本位"有好几种,其他的"字本位"可能跟我讲的是完全不一样的。实际上,我所说的字本位是字词兼顾的，而且是从教学的角度说的。你拿我的教材翻一下就会发现，我很重视日常生活交际。也有绝对的字本位，完全是从汉字的基本结构出发。有些字是连很多中国老师都不会读的，如"行"字的左边那部分和右边那部分各念什么，没有人知道。这教材中有一个名叫"行彳亍"的人物。什么意思？这种"字本位"是"绝对的字本位"，因为它不管交际，不管使用频率，只管字的字形。所以，书中头几课的词句比较古怪，有"鲨鱼""鲸鱼"，而没有"你好""再见"。所以，这也是一种字本位，但是根本不管交际。我的"字本位"是字词兼顾交际。您知道我很崇拜中国古代的《千字文》。为什么崇拜？我觉得《千字文》的作者周兴嗣是个天才。他发明了一个能控制解决中国阅读能力的策略，是在最短的篇幅之内放进尽量多的字。一个字不重复，按我的话现在来讲，这是经济原则。你只是学习背诵，一千个字算什么，没有几天你能认读了。当然，我不是说能够活用，能认就已经就算不错了。两三天之内，因为一个字不重复的原则，你能认读一千个字。在法国学一千个汉字，现在得需要好几年的时间。如果在中学，学会了一千个汉字，那是很了不起的，可以说明已经意识到中文的特征了。所以，《千字文》有一个字不重复的原则。周兴嗣发明了一种按现代意义上这叫做学习策略，或者教学策略。可是，后来中国把中文西化了。

我是在1983—1984年就开始有比较明确的"字本位"思路,开始写东西,开始思考汉语教学方向及教材的编写原则,我已经发现了中国当时的教材中一些不遵守汉语的基本规律的问题。所以,我从80年代中叶开始编写自己的汉语教材。这部教材就是在以"字本位"的基础之上写成的。现在的中国版就叫《汉语语言文字启蒙字教材》,因为封面有颜真卿写的一个"字"。同时,在学术上我也发表了一些关于教学方面的字本位的论文,1996年发表的那篇是其中比较重要的。

我说中国出版的对外汉语教学教材中存在主要问

题，是一种普遍现象。要知道，全世界绝大多数的汉语教材都是中国出的，因而也就形成了汉语作为第二种语言教学的模式。但是，这种模式是违背汉语的内在规律的，明显地违背的。我甚至认为这种违背是教育历史上对自己的知识、自己的学问的最大歪曲。什么意思呢？我是说现在的中国自从19世纪末20世纪初以来就与自己最内在的东西有一种非常复杂的关系，语言文字就是其中之一。这种比较复杂的关系突出地表现在对自己的文字有一种自卑感。这不是我说的，你只要看20世纪初中国的知识分子，从卢戆章到鲁迅到瞿秋白到钱玄同，他们都攻击中国的文字，把文字的功能大大地简单化了，政治化了，仅限于是一种工具而已。在如今的中国，一些大学的许多教学项目用英语取代汉语，也是反映了这样一种语言观。什么语言观？就是把语言仅仅当作工具而已。可是，我们都知道，语言远远不只是工具。比如，法国现在外语教学界100%的学者、专家和老师们都认为语言不只是工具。我经常说，如果语言只是工具，那么，大家说话都用世界语就好了，因为世界语的基本观念就是语言是工具。那样的话，我们造一个最好使的工具不就完了吗？结果呢？世界语失败了，它失败的原因就是因为语言不只是工具。当然，语言的主要功能是交际工具，可是又不只有这个功能。所以，中国人要善待自己的文字，绝对不能说它落后，是封建什么等等。不要将中国处于落后状态的责任放在这个文字的身上，新文化运动时这样的批判是非常严厉的，瞿秋白说的话有一些甚至是跟骂人一样。骂谁呢，就是骂自己的文字。一种文字，任何一种文字，其实是语言的一个组成部分，更重要的也是个人身份认同的一部分。其实，骂它就跟骂自己是一样的。可能是因为学过哲学的缘故，我更清楚语言不只是工具，而是属于个人的身份认同。与观念、饮食习惯一样，语言文字是属于自己的。所以，20世纪初，中国不少学者，不少知识分子严厉攻击自己的语言文字，实际上就是攻击自己。后来，中国还曾明确地表示要走向拼音化的道路，这都是对自己的否定，也是不自信的表现。

拼音化是一种严重的不自信，反映了把文字仅仅当成一种工具的这种观念，是一种太狭窄的观念。其实，文字，尤其是中国文字，除了记录语言的功能以外，还有一些其他层面的功能。如果把汉字仅仅当作工具，那么，中国人就会跟自己的过去割断了联系。如果现在中国人使用的都是汉语拼音，那还能读包括儒家在内的过去的东西吗？可能会越来越少。这是一个非常严重的问题。我现在越来越相信，这样做中国人不仅会跟自己的过去永远割断联系，而且反映了中国人自己所说的崇洋问题，因为汉语拼音是洋的或者说是西方的东西。中国在许多方面都是学西方的，服装学西方的，建筑学西方的，文字甚至也想搞拼音化。我到现在也没有弄明白，哪里有必要让中国人穿西服？中国人为什么不穿中式的衣服？服装还是外在的，可文字却不是表面现象，是根本的，是一个民族的灵魂的一部分，是自己的。在最属于自己的要素方面也要学西方的，这就反映了一个什么问题呢？我最近去了两次日本，深切地感受到日本还是保持着自己的文化，还是有一种能保持自己文化的传统。所以，我认为，中国在一定程度上缺乏自尊心。

我为什么走上汉语的不归路？是为了一种追求。我追求的是什么呢？是追求发现。我在哪儿能追求发现呢？是拉丁字母吗？不是，哪会有什么拉丁字母文化呢？没有。我追求的发现在汉字里面。所以，没有汉字，我今天就不会坐在您面前了。我这个人是听觉倾向，不是视觉倾向。可是，从开始学汉语的第一天起，汉字就起到了一个关键性的作用。这也可能是心理方面的动因，因为我觉得汉字是独特的，是具有很独特性的文字。当时，我虽然对这个独特性没有多少认识，没有多少心得，也没有多少体会，但是，我已经意识到汉字不光是记录语言的，还有其他层面的深刻内涵。难怪汉字对我的吸引力很大，其实也不只是我。我现在对法国汉语教学的历史有一定的了解，很少有说汉字难的，都觉得很深奥，很有意思。可是，如果您仔细地听，汉语教学界提到汉语难、汉字难最多的不是西方人，而是中国人。我觉得这个现象比较有意思。

我既在西方又在东方,经常来中国。我可以肯定地说,提出汉字难的毫无疑问是中国人,不是西方人。当然,我现在不想讨论汉字到底难不难,只是根据客观地观察想说,这点反映了一种中国人不自信的观念,就是排挤自己的文字。法国应该说是现代化国家,您只要到处走走就会发现,法国的传统就跟日本的一样完整地保留着。虽然是现代化国家,法国的传统到处都可以看到。传统建筑是受保护的,传统观念也是有的。传统的东西表明法国人不愿意割断自己与过去的联系。人是一个整体,跟自己的过去也是一个整体,跟自己的家庭、父母跟自己的历史都是一个整体。19世纪,18世纪,10世纪,应该是有联系的。这样才能使人有一个比较,把历史作为一个整体来看待。或者生活或者历史或者文化,如果只是以现代为起点,我认为,那肯定是很难达到这样一种认识的。

正是明确了这一点,我才在80年代初就开始探索自己的现代汉语教学法,开始手写一本教材,没有想到手写的这本教材6年以后会出版,更没想到现在销售量仍然那么大,更没想到在汉语作为第二语言教学的国际会议上引起那么大的反响,引起了一场学术讨论。到现在,我的这个思路就是所谓的"字本位"。当时,我也不是完全以学术为起点的,只是觉得无论是学习者还是普通的老师，拿中国出的教材，一看就知道它明显违背汉语教学的基本规律啊。这是数学、物理、历史、地理等学科不会碰到的现象。汉语教学的最基本的规律是什么？还是这个问题，一种语言主要的是它使用的单位。如果想学习法语，您要接触到的单位是什么？就是词！"谢谢"，"您好"，"晚上"，都是以词为单位的。书面形式是什么？就是两个空白之间的字母，就是一个词。还有别的单位吗？没有了，但字母不是单位啊。说起来是"谢谢"，读起来也是"谢谢"，对应的中文呢？就不一样了。比如说，"大学"，有"我上大学"，"我读大学"，"巴黎有13所大学"，"大学的英文是 university"等等。说起来，听起来，读起来，"大学"都是两个词素单位，谁能否认有两个单位？没有人能否认，"大"和"学"。可是，您看一看绝大部分教材，尤其是中国出的教材，词汇表只有"大学"的解释，没有"大"的注释，没有"学"的注释。我觉得，这个是明显地违背最基本的规律。字是汉语的基本单位，没有注释，没有释义，其实是不承认字作为汉语的语素单位。我觉得，这个问题非常严重。您要吃一块肉，不可能咬一下就消化得了的。您让我记住"大学"，可不告诉我"大"是什么，"学"是什么，那怎么能行呢？

我的孙子现在4岁，我开始教他几个汉字。一个法国的6岁孩子，您告诉他这个词是"小学"，您给他看

"小"和"学"。他马上会问,这个是两个字。第一个字是什么,第二个字又是什么?他有这个意识,"小"是一个语素单位,"学"是一个语素单位。中国专家怎么能否认这一点呢?可是,他们事实上是否认了,有时候甚至是有意地否认。我敢断言这是在所有学科的教学法方面对其内在规律的最大歪曲。我经过思考和研究,最后判断这只能说明教材的编写者对自己文字的自卑感或者对西文的盲目崇拜,想把中国的文字西化。也就是说,英文、法文、西班牙文、德文等都是以词为单位,于是,中文也应该像它们一样,以词为单位。实事求是地讲,这只能是一种意识形态背景造成的错误做法。

一本中国出版的对外汉语教材对作为语素的字没有做任何处理,在教授词汇时只是给出组合词,而对最基本表意的、能组合词的字没有任何解释。这样做的结果当然会有很大的副作用。每次上课时,我们教学生一个词,比如说"现代"。学生马上举手问:"老师,第一字是什么意思?"我只好告诉他"现"是什么意思。然后,他又问:"第二个是什么意思?"我还得向他讲"代"字是什么意思。对这两个字的解释教材里没有。上海1985年出的一本对外汉语教材是面向外国人的,但是,它不仅没有给汉字基本的表意单位语素加注解什么的,甚至连笔画、笔数都不给。忘了吗?不是。它说明了什么?连笔画、笔数都没有,汉字连这一点独特性都没有了,没有任何的独特性。为什么这样？因为拉丁字母没有笔画笔数，可能编写者不知是有意还是无意地想跟着西文走。不仅如此，教材的编写者在选词时也没有考虑到字和词出现的频率。没有承认汉语是有字和词两个单位，就不可能处理好词这个单位和字这个单位之间的冲突关系。

所以，我在编自己的汉语教材时特别注意两点。第一，对每一个字给出相关的解释，因为字是表意单位，学生必须要知道它的意思。第二，注重字出现的频率，也就是说由字在一定程度上控制着词。这样才能遵守我后来所说的经济原则，就是用最少的解释能达到最多的效果。可是，汉语比较难处理，因为既有词又有字。当然，我也考虑过这样一个很简单的问题，即这些汉字怎么记住？法国普通的老百姓知道，汉字是需要记忆的。可是，凭什么来记住呢？汉语教材在这方面几乎没有提供任何依据，难怪比较难记。需要记住的任何东西，如果不提供一些基本的方法，当然就难记。所以，我当时考虑过给每一个单字提供一些最基本的记住办法。简单地说，我就是认为汉字也是一个单位，是西文所没有的单位。但是，西文是西文，中文是中文。这样，我以承认汉语是有独特性为起点的，制定了前面讲过那张400个字的汉字表，即400字门槛。

在欧洲特别是在法国，人们已经接受了我的以字带词的汉语教学方法。在中国，越来越多的人赞同或接受了我的观点。近些年来，我在中国经常接触一些年轻的对外汉语老师和汉语国际教育专业的硕士生，明显感觉到他们接受了我的观点。我也发现，许多中国学者尤其是年轻教师也接受了我的另外一个看法，那就是对外汉语教学并不是属于应用语言学的一个分支。中国学术界还是持这种观点，汉语教学属于应用语言学的一个分支，而应用语言学是语言学的分支。我认为，汉语教学与语言学不是所属关系。为什么呢？第一，汉语教学和汉语语言学，目的、性质、方法都不一样。语言学是描述语言，描述汉语。第二，汉语教学不是描述，而是传播汉语。汉语老师的关键功夫是加工，把原有的知识和学问转化成传播的知识，最后成为学习者能掌握的、能运用的知识。语言学并不研究这些问题。另外，语言测试现在很流行，法语等级测试，英语等级测试，汉语测试等等，谁来管啊？是语言学吗？不是，是语言教材。语言教材作为一个学术专业，有自己的方法和目标，都与语言学不一样。汉语教学归于学科教学这个总学科，而学科教学则是一个跨学科的，不仅跟专业知识有关，而且跟心理学、传播学有关。这个观点是我提出的，我经常根据这种观点去教学生，包括培训中国赴欧美汉语教学的志愿者，一些硕士研究生。他们很接受我的观点。北欧有一个很有名的语言学家，叫雅各布森。他在20世纪中叶就列出了言语的多种功能，明确地说语言不只是交际，还有一些其他的功能。所以，我比较反对的就是把汉语的功能简单化。

# 第七章　传播中国文化不能急功近利

在中国，我常听到推广汉语的说法。其实，我不赞同推广汉语这种说法，而主张使用传播汉语一词。推广汉语带有居高临下、强制实施的意味。传播汉语不仅让人感到更舒服一些，而且还可以拓展汉语的文化内涵。中国要展现自己的软实力，做好汉语以及以它为载体的中国文化的传播是一种重要的途径。但是，这是一项润物细无声的工作，需要长期地、扎扎实实地进行。从中国角度说，从北京大学角度说，更要注重培养真正会汉语、了解中国、懂中国文化的人。特别是，要让外国人知道汉语和中国文化的魅力。

上个月，中国副总理刘延东访问巴黎，与法方讨论建立中法高层人文机制问题。在巴黎学区长接待她的宴会上，有中法双方的几位部长，其他受邀请的人不多，有一些大学校长，我很荣幸出席了。坐在我旁边的一位法国人，我不认识他。所以，他向我做自我介绍，说他是某某人，刚被任命为法国驻华大使，但还没有去北京呢。我当然知道这个人的大名，但从来没见过。他以前是希拉克的高级顾问，后来在德国当大使。我说很荣幸，同时也做了自我介绍。他告诉我，他特别喜欢我的作品，现正在用我编的教材自学汉语。这位大使已经快60岁了，他的工作跟中文应该是没有什么关系，但已经开始自学汉语了。他让我下次去北京时一定去使馆看他。他自学汉语有什么实际目的吗？不太可能，因为他已经快60岁了。实际上，就是一种兴趣爱好，他对汉语感到好奇。他可能像我当初似的，刚刚初步接触中国语言文字，但这有助于他走进中国文化，了解真正的中国。他能够达到的水平可能会很低，可他觉得十分必要。

但是，从中国、从北京大学角度说，就不能将浅层次、低标准的汉语水平作为传播汉语的目标，但必须注重传播对象自身动力和全面提升他们对中国语言、文化的掌控。你们北京大学首要的当然就是巩固和提高外国人的汉语水平，因为语言是能真正地进入一种文化的必要条件。我觉得，根本不懂汉语，没读过中文的报纸和中文的书刊，就不可能真正地了解中国文化，深入了解更是不可能的。所以，我的看法是，不仅要真正地巩固外国人的汉语水平，而且要向他们传播有关汉语文化、汉字文化的相关知识。光提高他们的汉语语言和文字的水平当然很有必要，可是不够，还要帮助他们了解与汉语文化、汉字文化相关的知识。在一定的程度上，中国人的思维方式是由汉语和汉字建构的。假如说，在您以后，您孙子，孙子的孙子不会汉语，不会认读汉字，只会英语，那么，他的思维方式跟您的肯定不一样。语言文字和思维、思想、身份认同之间的关系是互动的，是双向的。正因如此，我才说20世纪初的中国知识分子批评汉字时考虑得太简单，把语言文字的问题简单化、主观化、政治化了。

正因为语言文字和思想、思维之间的关系是双向的，所以汉字不可能被简单地去掉，或者由英文取代。如果那样的话，中国人的思维就会受到影响。我们是用语言分析周围的，把周围的信息处理好。所以，每种语言有它独特的分析周围信息的方法。我喜欢用一个词就是"文法"。文法最早的意思是语法。以前不说语法，说文法。可是，我给文法提供一个新意，即它不是语言的法则，而是文化的法则。也就是说，一种特定文化有它的内在的逻辑，中国文化当然不例外。所以，北京大学除了要提高外国人的语言文字能力以外，除了帮他们掌握汉语文化、汉字文化的知识以外，还应当让他们进一步了解中国，无论古代的还是现代的，帮助他们分析了解作为一个整体的中国文化。了解中国的所有的最基本的内在的逻辑，这才是非常重要的。如果对中国其他方面什么都不知道，这样的人也不大可能成为一个中国贸易专家。

所以，从培养人的角度来讲，非常好的住宿条件，比较高的奖学金，都是很外在的东西，单靠这些不可能培养出懂中国的汉学家的。中国目前在传播汉语方面存在着一个比较严重的问题，那就是以我为中心的观念。所谓以我为中心，意思就是从自身来考虑，而不是从对方的角度去考虑。这方面的例子特别多。2012年，我对汉语第二语言教学的中国国家汉办负责人说，2014年是汉语第二语言教学非常重要的一个年份。可是，他们不知道，问我为什么。我只好耐心地给他们解释，说两百年以前，就是1814年，法兰西学院设立了全世界第一个汉语教授席位。一个国家级的、最权威的汉语第二语言教学的最高负责机构竟然不知道这个重大历史事件！这反映的是以我为中心，以中国为中心的一种态度。事实上，中国国家汉办还没成立的时候，作为第二语言的汉语教学在法国早就启动了。汉办是1987年成立，我在此前好几年就开始从事汉语教学了。两个世纪以前，法国已经有汉语教学，后来德国、英国也有了。所以，我觉得，向外国人提供丰厚的物质条件，这不一定是外国人的标准，真正想学汉语、喜欢中国文化的外国人可能考虑的不是这些。

我还想指出的一点是，再丰厚的物质条件，在一两年之内也不可能培养出世界一流的汉学家，这是绝不可能的。多快好省是中国"大跃进"时期提出来的口号，也一直是中国各方面发展的一个特色。但是，这个快是近期而不是远期的。这可能与中国急于提升软实力有关，中国把汉学作为软实力的一个重要的组成部分。

在传播汉语、提升中国的软实力方面，办好世界各地的孔子学院当然是一个重要的途径。但是，诸如设在哪儿、讲授什么等等也要统筹考虑。我虽然不在孔子学院工作，但对法国乃至世界各地的孔子学院还是比较了解的。我现仍在任教的东方语言文化学院虽然很早就有了正规的汉语教学，但一直没有建立孔子学院。东方语言文化学院1843年设的中文系，是法国最大的中文系。中国国家汉办最愿意让东方语言文化学院办一所孔子学院，但由于种种原因，直到现在还没有。之所以如此，法方的原因可能是主要的，一个是不太积极，另一个是场地问题。可是，所有这些都不是原则上的。法国已经有两个孔子学院关闭了，但没有像美国弄得沸沸扬扬。我经常受到邀请去一些法国的孔子学院参加活动或者提出一些建议什么的。所以，我比较清楚法国的孔子学院。首先，我认为，建立孔子学院是必要的，它们发挥的作用应该说是比较正面的。中国不仅应当在世界各地建立像孔子学院这样的机构，甚至有必要建立像法语联盟、歌德学院、西班牙语中心那样的机构。有这么一个机构是正常的，而且是有必要的。这是我原则上的看法。问题是现在怎么推行，怎么启动，怎么办学。但是，在理念上还是存在一些问题的。在孔子学院发展的过程中，中国文化的传播是很明显的。但是，孔子学院自身似乎以过快的速度增长。现在，全世界孔子学院的总数大大超过歌德学院的总数。歌德学院是比孔子学院起步要早，现在好像也就一百所，而孔子学院现在可能接近四百所了。所以，发展速度我觉得绝对过快。任何事物的发展过快会造成增长危机的局面，又会在质量方面付出代价。

法国第一所孔子学院大概是2006年或2007年成立的，不在巴黎，在外地。当时，我应该说已经是中国国家汉办的最密切合作者之一，又是世界汉语教学学会的副会长。总之，我跟中方在汉语教学方面的合作与交往非常密切，几乎每天或者跟中国使馆教育处或者跟汉办有来往。可是，在法国成立第一所孔院，我是它揭幕之后才间接知道的。别人告诉我之后，我以为它一定是在巴黎。但是，告诉我的人说不是，是在普瓦捷（Poitiers）。开始时，我以为这个信息不可靠，不太相信。中国方面既没有通知我,也没有事先跟我联系。要知道,我经常去中国,也跟中国相关方面关系非常密切。关于孔子学院设立的地点和教学对象,说实话是我是最了解的。法国的第一所孔子学院不设在巴黎,这也很说明理念上的问题了。

普瓦捷距离巴黎两三百公里,乘火车需要1小时20分钟。说实话,我觉得这种选择不是太好。我不是说普瓦捷不应该承办孔子学院,而是说如果办在巴黎更有象征性。法国这个国家比较特殊,是中央集权,在欧洲独一无二。法国的第一所孔子学院应选在哪个城市,应当有一个总体的方案。我觉得没有这样一个总体的方案,其实是根据中方内部竞争,法方内部竞争决定的。可是,我想说的是,中国国家汉办、孔子学院总部应该至少征求一下我的意见,我也十分乐意做义务顾问,可以专程去中国谈谈,给他们提出一些建议。对于法国的汉语教学对象,我最了解,尤其是成年人汉语教学或夜大班,而法国的孔子学院主要面向成人传播汉语和中国文化。如果我与中国相关方面有矛盾或冲突而不找我,那是可以理解的。可是,我们不仅没有任何矛盾和冲突,而且相反,我经常跟他们有合作。我说得直爽一点,这就反映了一种以我为中心的观念,办孔子学院是中国的事,不用从对方角度考虑。另外,我觉得在法国建孔子学院具有很强的临时性,没有思考法国的孔子学院应是什么理念？在法国设的孔子学院和在东欧设的孔子学院、在非洲设的孔子学院到底是一样的，还是应该有所区别的，这一定要慎重地考虑。过了几年，中方又在离普瓦捷一百五十多公里的地方建立了第二个孔子学院。这两个孔子学院距离不算太远，一个是靠海，一个是内地的。那个地方对孔子学院的需求真有这么大吗？这两个孔子学院遵循的是什么理念？它们目标是一样的吗？我当时就已经发现，中国没有以打出品牌为宗旨，为目标。这样一个传播自己的语言和文化的机构，不以打出品牌为目标，没有高质量，显然是考虑不周的。

后来，巴黎也建立了孔子学院。你知道，巴黎是全世界游客最多的城市，反正不是一般的城市。然而，巴黎孔子学院的老师和志愿者主要是中方派出的，他们的法语能力不高，甚至有的几乎只有一点点基础。在巴黎，你说仅凭一点点基础法语能力就要传播中国文化，而这应当是巴黎孔子学院最重要的目标，可行吗？我觉得完全不可行。所派的人员完全不精通当地语言，这也是与中方所持的观念有关，以为英语是全球人都掌握的，不懂法语说英语也行。如果你在法国用英文问路，我敢保证，法国人中没有一半能回答你问的问题，真正掌握英语的法国人占人口总数的不到10%，甚至可能不到5%。当然，我说的是真正地掌握英语，也就是说用英语可以听、可以讲。在法国，英语是外语，跟中一样。可是，中国因为比较封闭而崇拜英语，在法国却不这样。我对英语没有任何反感，而且承认英语是独特的，有着特殊的身份，任何国家的人都应该学习。可是，我讲的也是法国的实际情况。中国人坚信法国人是因为想保护自己的语言，所以装作不会英语。这话我几乎听过一千次了，就是你们法国人是装作不会英语。我说不是这样，我们大多数法国人确实不会英语，可中国朋友不相信。所以，派到法国孔子学院工作的老师或志愿者可能会英语，而不会法语。这对孔子学院传播中国文化是有很大影响的。

中国传统的思维方式就是倾向于实践。所以，现在中国传播中国文化主要是活动型的模式，如做剪纸，包饺子，中国结，书法表演等等。这些都有统一性，那就是实践。这样的实践不好吗？我没说不好，可不能当作一个传播文化的模式啊！理论与实践相结合可能是中国的一个思维方式，西方人不是实践第一。我愿意了解中国的饮食文化，但可能对包饺子一点兴趣都没有。包一次饺子法国人可能觉得好玩，但到了第二次，人们就没什么兴趣了。我是学中国文化的，很喜欢中国的剪纸，但你让我做剪纸，我可能不太愿意了。普通人也一样，可能欣赏，也可以做一次，但到了第二次、第三次，可能只有极个别人了。中国结就更是这样了。所以，这样的文化传播模式，一方面可能与中国比较传统的模式或者是思维方式有关，就是倾向于实践，另一方面也可能是语言上有障碍。

我不知道，这是不是因为中国文化本身，中国现代文化本身也存在着一些问题？我举一个例子，我有时候会给孔子学院做临时顾问，建议他们应该常常播放一些中国电影。我觉得中国电影内容是很丰富的，很有吸引力，在法国肯定是有吸引力的。这比简单地包饺子或者是做剪纸要好得多。可是，孔子学院总部并没有把播放中国电影作为一种真正的传播中国文化的方式。最近几年，日本的当代文化和韩国的当代文化对西方青年有很大的吸引力，它们充满了活力。中国在这方面好像跟不上，没有一种活着的文化。所以，我觉得孔子学院应该真正地考虑，除了传统文化，还要传播有活力的或者比较新鲜的文化，而不要把文化这个事情搞僵化了。我认为，孔子学院毕竟是中外双方的。依我的仔细观察，法国的孔院共有16所，有成功的，也有失败的。是否成功首先要看法方积极不积极。像法国这样的国家，孔子学院应该有很大的发展余地。可是，有一个基本前提，那就是孔子学院应当是双方多从对方角度看问题。传播中国文化不可能光靠剪纸，包饺子。那么，孔子学院要做什么？比如，法国人一直对中国文化有浓厚的兴趣，可能是全世界最浓厚的。在这方面，孔子学院有很多事可以做。比如，搞一个中医讲座，肯定会有很多人来听,可能会两百人,也许一个孔子学院的地方都不够大。中国的饮食文化,中国的易经、中国的文学,中国的电影等方面的讲座,巴黎也会有很多很多人来听。可是,你用什么语言讲中医呢?不用说专业中医,就是通俗的中医,汉办派来的老师和志愿者能传播吗?

还有,我觉得这也跟中国的语言政策有关,对英语以外的语言的使用价值低估了。2011年,一次在中国召开的国际会议上,我主持一个圆桌论坛,一个美国代表把西班牙语、法语称为小语种。我马上打断他,说希望对外汉语教学界不再使用小语种这个名称。第一,这不符合事实,法语、西班牙语不是小语种,应该说是大语种,当然英语更大。第二,西班牙语,法语是小语种,那汉语是什么?只能是更小的语种。这位代表马上同意了我的看法,他说习惯了那种讲法了。可是,这个习惯也反映了一些不正确的观念。所以,传播一种文化必须得有当地的语言,包括简单的讲中医也需要一定的当地语言能力。孔子学院发展过快,说明建立者的目标是数量,而不是打出品牌,是要达到一百所。达到一百所孔院以后,他们的目标是什么?也不是打出品牌,而是二百所,三百所,然后又说要突破五百所,一千所等等。孔子学院的目标到底是什么?只能是什么?有人怀疑这是中国宣传。我觉得,至少在法国,这个问题是不存在的。我觉得中方要突出孔子学院是双方的合作。如果是这样的，谁还能说孔子学院是中国的一个什么工具呢。

实际上，中国文化的内容十分的丰富，我刚才举只是一些简单的例子。我想说的是，孔子学院传播中国文化时要考虑到法国人的真正兴趣。中医有很大的独特性，会吸引法国人的兴趣。中医不是简单的一个古代医学，与中国的古代思想密切相关，而中国古代思想当然也一直是法国人普遍地感兴趣的。再比如说，中国所特有的一些兵法思想。我在巴黎大学中文系读一二年级的时候，开始对围棋感兴趣，因而也对孙子兵法感兴趣。在1970年、1971年那个时候，法国市场上已经有至少两个不同的法文版本的孙子兵法。当时中国没有汉办，也没有孔院总部，但是，中国文化在法国有一定的吸引力。围棋也是如此围棋和孙子兵法其实是有关系的。为什么提出围棋？因为它是西方所没有的。中国象棋可能更接近于国际象棋，可围棋却是独特的。现在回头想一下，我一直对独特感兴趣，对中国所特有的东西感兴趣。

您可能难以想象，日本的漫画在法国的反响有多大。我看专家评论说，在法国的反响是最大的。日本漫画在其他国家都有一定的反响，比较受欢迎。但是，为什么在法国反响最大呢？这可能由于法国的特殊背景，包括有漫画的传统。在西方国家中，比利时和法国的漫画传统比较久远，所以很容易接受日本漫画。所以，这些也需要从比利时和法国的需求角度去了解。可是，这是中方最不会做的，不会从对方的角度去看待问题。孔子学院都有它们办的杂志。现在的情况好了一些。前不久，每期杂志头几页全是英文或者法文的，其中有讲中国共产党政治局某位常委访问某某孔子学院，习近平主席访问某某孔子学院，完全是中国模式的。作为法国人，我打开一看，我不知道这位常委是谁。习近平我知道。于是，我会以为可能拿错了杂志，或者说这份杂志可能主要不是给法国人看的。这个问题现在好像中方可能开始意识到了，所以这方面的数量少了。我们知道，生活上的一切不仅是正面的，光明的，好的，也有负面的，也有问题的，也有冲突的等等。中国是那么大的国家，当然问题也多。我们每天都会听到关于中国的污染或别的问题。如果孔子学院一本杂志刊登的照片全都是秋高气爽、阳光灿烂的，人们就会以为这可能是有一点人为的。所以，如果我编辑孔子学院的杂志，肯定会增加一些反映现实的内容。其实，中国的报纸也反映了一些现实。孔子学院的杂志为什么不来一点现实性的内容呢。中方应该从对方的角度去考虑。所以，我有意地提到了中国电影，因为中国电影跟《老子》《庄子》不一样，不只是传统文化。我说的中国电影有老的，那就是上海30年代出品的，如《马路天使》之类的一些电影，很有创意的。还有当代的。你能说电影不是文化吗？它们也是文化，既能反映现实，又有创意的。可是，这方面孔子学院传播得比较少。孔子学院办的杂志应当多从读者的角度考虑，他们希望所接受的关于中国的信息是多元的。如果内容光限制在领导人的这些公益活动，那会造成对孔子学院的误解。

在具体传播技巧上，孔子学院似乎也有一些需要改进的地方。春节是中国的一个比较重要的文化点，法国人感兴趣，也是中国最大的节日。我问孔子学院的老师和志愿者，你们怎么过中国的春节呢？他们只是讲吃饺子、放假、回家、贴对联之类具体的事。我发现，他们普遍严重缺乏概括能力，一提春节就马上走向具体。中国人的思维方式有它的优势，可也有它的缺点。西方的思维方式也一样，有它的优势和缺点。但是，中国人思维缺乏概括性是很突出的。我问志愿者，你们会突出哪三个特点来概括中国的春节？他们大部分不会。另外，你给法国人讲春节，或者讲茶，或者讲饮食习惯时，最需要什么？最需要对比。可是，这些老师和志愿者的对比能力不行。说实话，远远不如我们。我们开始对中国一无所知，对茶一无所知，对春节一无所知。然后，我们开始接触、了解，把它们与春节、元旦或者圣诞节进行比较。经过比较，我们向观众、听众讲述一些有关中国春节的知识。可是，这些志愿者，因为不会概括，讲春节就马上说我们吃饺子，我们就贴对联什么的。事实上，讲这些的时候一定要进行对比。中国春节和西方的圣诞节有什么不同呢？一个真正地会传播的人，必须得有对比能力，必须的。不然的话，你向外国人讲中国的春节可能就很困难。

我刚刚从塞浦路斯回来，那里也建设了一家孔子学院，举行了比较隆重的揭牌仪式。我也应邀参加了。我在法国是汉语总督学，今后在汉语教育方面会跟他们有正式的合作。可是，我觉得塞浦路斯孔子学院的功能和巴黎孔子学院的功能应该有所不同，明显的不一样。塞浦路斯那边，汉语教学刚刚起步没有几天。法国呢？汉语教学都不止两百年了，有它的一套教学理念，观点，模式等。所以，我对中方代表说，你们的责任很重，不要以为塞浦路斯是一个小国家，这里的汉语教学是从你们开始的。

通过创办孔子学院传播中国文化，提升中国的软实力，是好事，但不能操之过急。这种操之过急不仅反映在孔子学院发展过快，文化传播内容简单上面，还反映在汉语水平考试上面。我担心无论是孔子学院或者北京大学要办的燕京学堂还是新汉语水平考试，都有急于求成的共性。新汉语水平考试是2010年4月问世的。我打开邮递员给我送来有关新汉语水平考试的资料，我一看就吓了一大跳。我当场意识到这个新汉语水平考试有很大的问题，就是很不科学，很不权威。没等多久，德国汉语教学学会公布了一个正式的公告，是给国际上很多汉语学家的，说这个新汉语水平考试很不科学。老汉语水平考试1990年问世，新的2010年问世。新的在前言里面明确地说，汉语水平考试的主要目标和宗旨是鼓励学习汉语。可是，这跟外语测试应有的功能自相矛盾。我做一个比喻。你本来就是太胖，可能是一百公斤，找我看病。我说好，先看看您体重有多少，噢，有些超重。为了鼓励您，我调整一下称，然后对你说，现在80公斤了。如果你想让我讲这个新汉语水平考试的细节，几乎和这个比喻一模一样，大大降低标准。您可以想象，一个权威的汉语水平考试，中国国家级的而且是权威的，已经占领了全部的市场，却这么随意地为了吸引顾客而大大地降低标准。

现在欧洲理事会成员国有47个国家，8亿人口，在语言考试方面都以一个叫做欧洲外语通用参考框架为参考文件。所以在外语方面，我们公布了A1、A2、B1、B2、C1、C2等6个等级。新汉语水平考试也有六级。新汉语水平考试的一级被定为相当于欧洲框架的A1，二级相当于欧洲框架的A2，以此类推。可是，如果仔细对比一下，就发现了笑话。新汉语水平考试规定达到了150个词就是欧洲框架的A1。但是，法语、英语、德语、西班牙语等A1并没有规定一个词汇量，因为事情不是那么简单。我和德国、英国、意大利等国的四位专家做了一些研究，看看我们各个语言的A1到底大概有什么词汇量，结果有600多个。中文的A1才150个，真是大减价。我没想到，新汉语考试会这么做。我再举一个例子，现在语言测试都是很有价值的。法国高校的四年级学生，如果愿意去国外实习，外语水平必须达到B1，然后才可以去西班牙、美国或者其他国家实习。法国高校的外语有英语、西班牙语、德语、汉语等。西班牙语与法语是很相近的语言，拿到B1的学生只有75%。然而，看一下汉语，竟然有90%以上学生都拿到了所谓的B1。一种远距离的完全不一样的语言，法国学生怎么能基本上都达到相应的B1？新汉语水平考试主要是以降低标准的方法来抢占市场，没有远期考虑，早晚会没有人相信了。这是很不聪明的，早晚会被人发现。人们发现我买的黄金其实本来不是黄金。那要扔掉，去别的商店买，到中国台湾、新加坡、美国、法国去买真正的黄金，也就是去考真正的一个汉语考试，拿到一个真正的A1。

# 第八章　我的汉学之路

几十年来，我经常被问及"为什么学习汉语？"而我找到的答案就是："我学习汉语就是为了有一天，人们问我，您为什么学习汉语。"

有的人追求相近、熟悉、倾向于走向熟路，也有人一直追求踏上陌生的、别人没走过的陆地，向往发现疏远的境界、新的视野。西方汉学家和汉语学习者当中是否第二类的比例较高呢？我在这个问题上给予肯定的回答。对第二类人来说，没有那种想要与旁人不同的挑战心理，没有想要看看不同世界的好奇心，那么路边撷取到的果实就不会太多，景色也会稀松平常。

偶然中有必然，而必然中个人的内在特征起决定性的作用。我出生在法国边缘地区,即阿尔及利亚(当时是法国殖民地),父亲教过外语,酷爱音乐,业余时间组织乐队演出并担任指挥。从出生时起,我就生活在音乐和歌曲较为丰富的世界里,也许使我对声音特别敏感,培养了较好的听觉识别能力,后来接触汉语四声,从来没有觉得难。

我学汉语的上世纪70年代初,在距离中国遥远的法国和欧洲,人们很难看到汉语能给一个人带来任何就业机会,我选择学汉语的道路的确看起来有些奇怪。其实,了解到中国好几个世纪以来在法国的形象和本人的个人特征之后,就会觉得这是一个自然而然的选择。中国是一个古国,中法都是古国,并且注重文字史料的记载和文化的传承,法国人向来对古国抱有深深的敬意。我就读的巴黎第八大学是法国"五月风暴"之后建立的,如我后来留学的北京大学一样,极富创新精神。当时,该校要求学生修第二专业,我当时已经主修哲学,可是还没认识到好几个世纪以来法国汉学历史上同时对哲学和汉语感兴趣的格外多。快上二年级时,起初选择了西班牙语作为副专业,但是学了三个星期以后,觉得那种语言太普通也太简单。我想到了经常看到的该校中文系门上的几个方块字,于是,就想学中文。结果,很快就入迷了。我当初能很快地成为中文迷、中国迷,起决定性作用的毫无疑问是汉字。当西方人踏上中国土地,最吸引他注意的东西,和中华烹饪一样最具中国民族认同性的东西以及让西方人觉得中国神秘的根源都归结于汉字。自从开始接触汉语时,我意识到汉字除了作为书面交际功能以外,还有其他文字所没有的功能。中国文字还有审美功能,最突出的表现在于书法。另外,像原始时期的文字一样,汉字还保留着魔力功能,如"福""寿""囍"等字。

看到汉字,就被吸引了,有挥之不去的情怀,激发挑战感。记得很清楚的是70年代初刚学过的头几个汉字马上就传播给我周围的朋友。这算是我最早开始"传教",开始推广中文。那时,当我从一份中文报纸上找到刚刚学到的几个汉字时有多么兴奋,当时在巴黎错过了地铁站是常有的事。在我法的国朋友圈里,我的绰号叫"中国人"……

1973年,读完哲学和汉语快毕业的时候,终于迎来了我一生中最难忘的时刻,中国在"文革"后期恢复了中法文化交流。追求疏远的我,学了月球语言,即不能去的地方的语言的我——1973年11月19日23时,我作为30个法国留学生的一员抵达北京,北京语言学院和北京大学先后成为我了解中国的直接窗口。

1975年,我结束在华留学生活,回到法国,就立即到中学和大学教中文,当时,我25岁。1978年,参加全法师资会考并顺利过关，成为专职中文教师，同时获得博士学位。在此后的13年间，专注法国中等教育中的汉语教学工作，并在1984年参与创立法国汉语教师协会，出任该学会秘书长，1987年出任该协会的会长。随后，就任巴黎第七大学中文系副教授，使我将汉语教学的重点转到法国高等教育领域。1997年，获得了第一个以汉语教学法为学术领域的博士生导师资格证书。随后，1998年出任法国教育部兼职汉语总督学，2000年就任巴黎东方语言文化学院中文系教授，2006年出任法国教育部第一任专职汉语总督学。

我的学术生涯基本上与后来被称为"字本位"教学路子分不开。南京大学2012届的硕士研究生史忆莎在《试论白乐桑的法式字本位教学法》毕业论文中系统地分析了我的这种教学思路。这一教学路子是基于遵守汉语的内在规律而产生，它的诞生与我1984—1985年在法国国家教育学研究院研发的SMIC (Seuil Minimum Indispensable de Caractères，"最低限的汉字门槛")有着直接关系。1984年，法国国家教育学研究院成立了汉语教学小组，每周专门为此预留了两个小时的研讨时间。当时，该研究院聘请两名汉语教师成立了汉语教学研究小组，我为其中之一。我们认为当时汉语教学面临的最大问题是汉语高考笔试部分的阅读理解词汇无法确定哪些要给出法文翻译、哪些不需要。本着以字带词和字词兼顾的原则,我们按照字频和字的构词能力制定了"400字最低限的汉字门槛"。法国高考中文考试如果短文中有超出这四百字的,则要么给出法语翻译,要么给出用这四百字所做的注释。由此,台阶式的进度、"汉字门槛"路子,或后来被称为法式字本位的教学法诞生了。随后,我按照不同的汉语水平等级又制定了更高的"汉字门槛",也就汉语第一外语的805字门槛,第二外语的505字门槛,第三外语405字门槛,中文国际班的1555字门槛。

但是,"400字最低限的汉字门槛"作为"第一个汉字门槛"具有划时代的意义。我主编的《汉语语言文字启蒙》(与张朋朋合作)就是以此为基础的,1989年底在巴黎出版的。可以说,它是法式字本位的起点。我所说的字本位其实是在汉语初级阶段既在用词也在用字两方面分别遵守经济原则,也就是省力原则。我认为如果从《千字文》说起,南朝周兴嗣的伟大之处在于,一本千字不重复的《千字文》意识到了汉语阅读的关口,并找出了相关的学习策略。即使现代汉语和文言文有所不同,汉语第二语言教学的根本问题在于语言教学单位有两个(即字或语素和词)而不止词一个,换句话说,是词带字还是字带词?识字要分散还是或多或少地集中?是经济原则只用在词上还是也用在字上?

任何一个学科的教学论应该以该学科的特性为起点。汉字是表意文字，汉语是语素突出的语言，以单个汉字为基础，可以层层构词，这是《启蒙》的基本线索。《启蒙》的问世掀起了汉语第二语言教学论最大的一场学术辩论。第一篇主题文章是1994年北京语言大学的刘社会教授在《世界汉语教学》第四期上发表的《评介〈汉语语言文字启蒙〉》。刘社会提出《启蒙》是采用"字本位"原则编写的教材，具有针对性与实用性，并将"汉语教学与文化教学结合起来了"。之后，王若江教授分别于2000年在《世界汉语教学》第三期上发表了《由法国"字本位"汉语教材引发的思考》和2004年在《汉语学习》上发表了《对法国汉语教材的再认识》。前者以《启蒙》为研究对象，评述了出现在汉语教材里的不同本位，着重对比了《启蒙》与其他汉语教材的字词比例，再次强调了由字出发，在字的基础上扩词的经济原则。王若江的研究结果表明，《基础汉语课本》1、2册（外文出版社1980年版）词534—汉字489，字词比例：1:1.09《汉语初级口语》(北京大学出版社，1997)词732—汉字600，字词比例：1:1.22与《等级大纲》以及国内汉语教材相比较，法国白乐桑的"字本位"教材《汉语语言文字启蒙》则有明显差别：字400个—词1586个，字词比例1:3.97。从以上比例数字可以看出，以"词"为教学出发点，"字"则处于从属的地位，汉字的利用率便很低，也就是说为了词的常用性，就不能太考虑学习汉字的数量问题。相反，如果以"字"为教学起点，就会注重字的复现率和积极的构词能力，字词比例自然比较高。

我在《世界汉语教学》1996年第四期发表的《汉语教材中的文、语领土之争：是合并，还是自主，抑或分离？》一文中说："目前对外汉语教学面临着危机……大部分教材没有抓住汉语教学中最根本的问题（即怎样处理'字'这一语言教学单位）……确切地说，无论在语言学和教学理论方面，还是在教材的编写原则和课程设置方面，不承认中国文字的特殊性以及不正确处理中国文字和语言所特有的关系，正是汉语教学危机的根源。"这一番言论彻底引发了对外汉语教学界的"字本位"与"词本位"之争。2009年和2013年，上海外国语大学以"字本位"为主题举办了两次国际学术讨论绘，主要组织者是周上之教授和潘文国教授。有关这两次会议的讨论情况收录在北京大学2012年出版的《世纪对话——汉语字本位与词本位的多角度研究》。汉语语言学著名专家陆俭明教授最近几年发表了他关于字本位的观点，比如，2011年他在《语言科学》第五期上发表了《我对'字本位'的基本观点》一文。

首先，我特别强调汉语的开发性功能。

也许是因为学过哲学，我一直关注的不仅仅是汉语语言与教学，还关注诸如教育心理学、脑神经科学等众多学科。我认为外语教学除了"交流"和"文化"两大目标之外，外语教学还应有"开发性的功能"。正好因为汉语是一门疏远语言，所以，可以利用汉语的疏远性来开发西方语言在西方人的大脑中所无法企及的东西。法国20世纪的教育家德拉加朗德里（Antoine de La Garanderie）在教育心理学方面的成果对我影响很大。他曾以精英学生为研究对象，分析他们成功的原因，得出的结论是这些精英学生都对他们的思维倾向有自觉的认识，即"视觉倾向、听觉倾向或运动觉倾向"。我由此得到的启发是在对汉字的处理上，要综合考虑这三种思维倾向。对于有视觉倾向的学生，汉字原形溯源能帮助他们记忆汉字。对于有听觉倾向的学生，为汉字各部件命名，能帮助他们记忆汉字。对于有运动觉倾向的学生，演示汉字的笔画笔顺，以及笔画的运行方向，能帮助他们记忆汉字。

其次是脑神经科学。美国著名神经生理学家罗杰·斯佩里提出了大脑左右半球的不同分工。左脑主要负责分析、推理、语言等。右脑则主要负责想象、图片处理、音乐节奏等。当时我读过一篇文章，表明大部分科目都激发左脑，而右脑则有待进一步地开发。当我们学习西方语言时，由于其文字的高度"透明性"，因此主要是我们的左脑在处理所学信息。与此相反的是，当西方人初学汉语时，由于要接触富有视觉信息的"汉字"和与旋律相似的汉语声调，因此在学习过程中必然会要调动他们的右脑。另外，Stroop 效应在中国人身上的体现得更为明显。跟西方人比起来，在这一实验中，中国人的反映似乎是最慢的。原因在于，西方人看到文字时先分析语音，通过分析语音来获得语义，可以说，语义的获得是间接的。然而，中国人看到汉字时，将其作为一个整体图像，瞬间直接获得字义，就像是拍照一样。因此，字义对于判断颜色的干扰也就大大增强了。这也从反面证明了汉字强大的表意功能，语义是其核心。另一个是我本人自身的例子。很偶然的一次机会，我和我的一名中国学生同在电脑前共同校对一篇中文文章。我们使用的是拼音输入法。当输入一个词的拼音之后，中国学生很快就能锁定目标词，而我的平均速度要比他慢一秒左右，而对这些词的认知程度，两人应该不相上下。我对这些词的了解程度可能还更深。出现这种结果的原因在于，由于汉字的关系，中国人倾向于视觉记忆，其图像处理能力强于西方人。这一系列的研究成果使得我理性地认识到大脑在面对汉语时的运行机制较为特殊，因此，我才会在 1987 年开始实施儿童智力启蒙实验，并在此后的教学中强调听觉上的"听说"与视觉上的"读写"分步走。

这一面向巴黎市中心的幼儿园高班和小学一年级小学生的教学实验以中文中最"疏远"的要素，即汉字和声调。至于汉字，我经过这一实验所得到的结论是教西方儿童汉字在"语"和"文"断然分开的基础上是可行的。在教儿童学会说"你好""再见""谢谢"的同时，叫他们会书写"木、林、森、本、末"等字。至于声调，我一直认为对西方学生而言，困难的并非是汉字，而是四声。对于四声的习得我是持悲观态度的。除了天赋异禀或者从小生活在音乐环境中，因而练就了很好的辨音能力之外，否则很难习得标准的四声。鉴于此实验的受试对象年龄都很小，因此我做了以下两个尝试。

第一是在训练四声时，将实质性的、具体的、视觉性的参照物呈现在学生面前。因此，在课堂上，我选择了以下四件物品：书（ˉ）、瓶（ˊ）、笔（ˇ）、报（ˋ）。它们都是常见物品，使用频率高，且分别代表阴平、阳平、上声、去声四个声调。学生们在进行声调辨别练习以及声调发音练习的时候，这四件物品就成了相应声调的参照物。

第二是将四声与四种不同的颜色对应，让学生产生通过联想颜色而发出准确的声调。这一方法并不基于学界对四声发声规则的生理和心理研究，也没有倚仗任何有关颜色的科学研究，而只是一种假说，假定四声与颜色有一定的对应关系。通过调查问卷的形式，我调查了大量学汉语的中学生和大学生，在统计了问卷的结果之后，发现四声在法国人心中果然有分别对应的颜色。

　ˉ 阴平 = 蓝色

　ˊ 阳平 = 黄色

　ˇ 上声 = 黑色

　ˋ 去声 = 红色

其次，我把精力投入到以字为起点的教材的编写上面。

教材是教学论和教学法的集中体现。我所编的教材，字和语素本位的教学理念贯穿始终。而中国的汉语教材则是词本位一统天下。"不识庐山真面目，只缘身在此山中"。任何学科的教学论的本质在于尊重该学科的特性和内在规律。以下将分别介绍我主编的《汉语语言文字启蒙》《说文解词》《通用汉语》《滚雪球学汉语》《汉字的表意王国》，通过这些教材，我们可以更清晰地看到法式字本位的特点。

### 《汉语语言文字启蒙》

我第一部汉语教材是1989年与张朋朋先生合作的《汉语语言文字启蒙》第一册。第二册于1991年完成，由本人和张朋朋作为主编。第一册后来被称为"《字》教材"，因为这是一本典型的法式字本位教材，其封面正中间就印有一个显眼的"字"。从 1989 年问世到现在，第一册的总销售量已突破 14 万册，这还不包括后来中国华语教学出版社出版的英文版。其核心观点是承认汉语教学中存在字和词两个教学单位，但优先考虑字。首先是根据字频和字的构词能力选字并在字的基础之上层层构词，其次是强化汉字教学。

《启蒙》的第一册以 1984 年法国国家教育学研究院所确立的四百字常用汉字表为基础，在此之上构词 1586 个。中国学者王若江 2000 年在《世界汉语教学》第 3 期发表的《由法国'字本位'汉语教材引发的思考》一文中指出：在《启蒙》一书中，"字和词的比例是 1:3.97，远远高于其他汉语教材的字词比例"。这也是我经常强调的经济原则在汉语教学中的运用。教材的开篇便介绍了汉字的笔画和书写规则，随后附有两个可以称之为法式字本位的"本原表"。一是汉字偏旁表，共列举了 92 个偏旁（第二版有所改动，偏旁增至 104 个），并逐一加法语注释。二是四百字汉字表（第二版新增了"网"字）。教材共设四个单元，除第一单元作为第一个台阶单元只有两课之外，其他三个单元，每单元六课。

每课体例如下。

课文：包括对话，根据对话改编的短文，短文手写体形式。

词表：按照词性分类排列，并给出拼音和法语注释。

字表1：为每个生字（语素）释义注音、做法语注释，并和已学的字搭配组词。

字表2：包括跟随式书写笔顺，用箭头表明笔画书写方向，拆分汉字部件，用法语给每一个部件命名，文字溯源，标明古字体，繁体字。

语法：用法语解释重点句型与词的用法。

操练：第一版是替换练习，第二版是看图说话。

文化：介绍与对话相关的中国文化。

此外，每三课之后，有一篇小短文，称为"滚雪球"，因为小短文就是根据已学的字来编写的，是由字扩词再组句成章。这跟汉语本体研究的"字本位"理论是一致的。值得注意的另一点是，每一课都有两张字表。字表1是生字展现，包括拼音、字义以及组词（第二版与时俱进，新增了"打的"等词）。字表2被命名为"记忆术"，顾名思义，是从学习者的角度出发，为方便学生记忆而专门设计的。主要有以下两个手段，第一是将生字拆分为不同的部件，给每一个部件命名。这与先前的儿童智力启蒙实验所使用的方法是一样的。这样做的好处还在于使学生养成良好的汉字学习习惯，即当看到一个生字时，学生首先会找哪个部件是已学过的，其次是看这个部件还在哪个字里出现过。第二是为生字溯源，给出其原始形式，帮助学生理解。

《启蒙》的第二册是第一册的延续和扩展。正文之前依然附有两张表。一是九百字汉字表，它是在全部吸收了第一册400字的基础上，又新增了500字，在此基础之上构词4242个，字词比例为1:4.71。二是汉字偏旁表，共列举了194个常用偏旁。

教材共25课，体例如下。

课文：包括叙述体或对话体，内容以古典题材为主，包括成语故事、哲学故事、文字、古诗等。

词表1：词汇不再按词性分类排列，而按照出现的先后顺序排列，依然给出拼音和法语注释。

词表2：词汇运用，用已学的词给每个生词造句，同时在这一部分展现重点句型或重点词的用法。

字表：拼音，法语注释，生字扩词，汉字部件拆分及部件的法语注释，古字体及其法语注释。

单句：用已学字和词来解释新词或为新词造句。

会话：一问一答式的多组对话。

文化：每五课之后有一个文化介绍。

《启蒙》第二册每课都有的"单句"和"会话"环节也称为"滚雪球"，其基本原则与第一册的"滚雪球"是一样的。不同点在于，第一册的"滚雪球"是由字扩词再组句成章，而第二册的"滚雪球""单句"环节是用已学的字和词来解释新词或给新词造句，其中解释新词的情况占绝大多数。比如，第十课《走马观花》一共列举了27个单句，其中有23个是这种情况。这一方

白乐桑的孙子手拿汉字

法后来在《说字解词》一书中得到了集中体现。"会话"环节主要是通过一问一答式的对话来锻炼交际能力。除此之外，该教材还有两个突出的特点。一是注重知识的传播。从课文内容来看，它以古典题材为主，通过成语故事、哲学故事、古诗等来介绍中国文化，部分现代题材，如"以听觉为主还是以视觉为主"、"汉字"等也旨在向学习者介绍汉语汉字的特性。二是淡化语法。该教材没有专门的语法讲解环节，所有的语法点均在词表2中列出，没有解释，只有例句。

这一套教材分别围绕"四百字汉字表"和"九百字汉字表"展开。两个字表的可信度值得关注。以下分别是两字表与《汉字等级大纲》的比较。

A. "四百字表"与《汉字等级大纲》比较

| 《大纲》等级 | 甲 | 乙 | 丙 | 丁 |
|---|---|---|---|---|
| "四百字表" | 374 | 24 | 1 | 1 |
| 百分比（%） | 93.5 | 6 | 0.25 | 0.25 |

B. "九百字表"与《汉字等级大纲》比较

| 《大纲》等级 | 甲 | 乙 | 丙 | 丁 |
|---|---|---|---|---|
| "九百字表" | 667 | 213 | 13 | 7 |
| 百分比（%） | 74.11 | 23.67 | 1.44 | 0.78 |

可以看出，两个字表的选字是科学可信的。"四百字表"里有超过90%的字属于甲级字，"九百字表"里绝大多数都是甲级字，甲级字和乙级字加起来超过了总数的97%，而这两个字表的确立均在《汉字等级大纲》发布以前。选字通常是字本位的第一道工序，随后便是在字的基础之上组词。我们可以发现，这两册教材生字表中的每个字的构词能力都很强，所构词也均为初级水平的词汇。可以说，字本位采取由字到词的步骤，既顾及了汉字教学，同时又提高了词汇教学的效率，从而使整个语言教学变得高效。

## 《说字解词》

《说字解词》于 2002 年出版，我是主编，副主编为南开大学崔建新教授，特约刘嘉陵老师为撰稿人。我们认为："这本书是一本边缘书，既是教材，也是工具书；既是以直接教学法为原则的口语教材，也是借用词典形式的工具书；既着眼于'语'，也离不开'文'。"

中国学者胡双宝 2002 年在《汉字文化》第 4 期上发表了《识字与口语并重的汉语教材——评白乐桑主编的〈说字解词〉》。他认为：《说字解词》之所以可以被看作是一本工具书，原因在于它"按照字频选取了 900 个汉字，由此组成了 7000 个词语"，并按照汉语拼音字母排列。它直接用汉语解释汉语，体现的是直接教学法。

吕必松先生在为此书所作的序中提到："在第二语言教学中，我们不赞成完全排斥学生的母语或媒介语，但是希望把学生的母语或媒介语的使用降到最低限度。不完全排斥母语或媒介语，是为了不影响学生对目的语的理解，尽可能少用母语或媒介语，是为了帮助学生尽快学会用目的语思维。尽可能少用母语或媒介语，就意味着要用目的语解释目的语。通常感到棘手的是，不容易用学生学过的词语解释新的词语。白乐桑主编的《说字解词》给我们提供了很好的范例。该书的目的是迅速提高学生的口头表达能力，办法是对同一个词语分三种程度用汉语进行解释。"这三种程度分别是 200 字、400 字和 900 字。

例如，城市（chéngshì）的解释。

200 字级——有很多人、很多家、很多车的大地方。

400 字级——市民住的地方。这是一个地区，里面有很多从事工商、文化等工作的人口，有成片的高楼，又平又长的马路，一个连一个的商店，它常常是这一地带很多方面的中心。

900 字级——以工商业为主或政治、经济、文化的中心地区。区别于"乡下"的地方。

这种对词语的解释不求全面和精确，但求实用。吕必松先生还认为："我们说它实用，是指对同一个词语分阶段直接用汉语进行解释，不但可以加快培养学生用目的语思维的能力，而且可以有计划地引导学生复习学过的词语。通过分阶段复习，学生掌握的词语会像滚雪球那样越积越多。采用这种方法，还可以激发学生的成就感和自信心。"

外语学习是一个循序渐进的过程。《说字解词》分程度解释词语的方法，既能达到"温故"的目的，又有利于学习者"知新"。它有助于迅速提高学生的口头表达能力。因此，笔者主张的字本位虽然重视字，但是同时，也没有忽视和削弱词的地位。相反，通过重视字这一基本单位，词和句的生成也变得更加自然和顺畅了。

### 《通用汉语》

我与安其然（Arnaud Arslangul）合编的汉语工具书《通用汉语》于2010年6月出版。此工具书属于Hatier出版社的Bescherelle系列丛书之一，这一丛书的有关法语语法的几乎是法国每家每户都有，所以，汉语能入这一丛书标志着汉语在法国所达到的地位。

本书分为汉字偏旁、语法、词汇、重点词解析四个部分。其中前面两个部分由我执笔。汉字偏旁部分主要介绍了125个常用偏旁。每一个偏旁都是意义（语义功能）、声音（语音功能）或形体（图形功能）的载体。汉字偏旁部分旨在明晰每一个部件的功能、书写规则以及其在汉字中的位置。这种从音、形、义三个维度来处理偏旁的方法，是法式字本位对字的进一步处理，它能大大地增强学习者对汉字的理解和记忆。依照惯例，我给出了125个常用汉字偏旁表，并逐一为其命名。进入正文部分，则给每个偏旁注以详细的法语解释和例子。解释和例子中出现该偏旁时均用红色突出表示。部分偏旁讲解完了之后，还配有一个小测试作为操练。

汉字偏旁部件对于汉语学习的必要性和重要性，是字本位思想的又一次体现。

### 《滚雪球学汉语》

《滚雪球学汉语》是我与曾在香港中文大学及法国

巴黎第七大学任教的刘嘉陵老师于 2011 年新编的汉语阅读教材。此教材分为初级和中级两册。初级以 500 字汉字门槛为基础，适用于汉语水平为 A1 至 A2 的学生。中级以 900 字汉字门槛为基础，适用于汉语水平为 B1 至 B2 的学生。在此，需要提出的一点是，我近年来的目标是将汉语真正地纳入欧洲语言共同参考框架内。因此，我制定了与其能力要求相匹配的汉字门槛，以及词语门槛，参见下表。

| 等级 | 汉字量（约为） | 词汇量（约为） |
| --- | --- | --- |
| C2 | 3000以上 | |
| C1 | 2200 | |
| B2 | 1500 | 5000以上 |
| B1 | 800 | 2500 |
| A2 | 500 | 1200 |
| A1 | 250 | 500 |

这一标准与新 HSK 所制定的标准有较大的出入，这也是值得我们思考的地方。《滚雪球学汉语》最早见于《启蒙》。作为一本阅读教材，《滚雪球学汉语》里的课文严格按照汉字门槛里所列出的汉字来编写，因此，学生面对的全部都是已学字，这才是对阅读理解能力的真正训练。在通常情况下，不管是学习哪门外语，阅读

理解最终都有沦为查字典练习之嫌，对于这一点，我们每个人都深有体会。

"滚雪球"的学习策略倚仗的是以下三个基础，即严格控制字数后所挑选的高频词、经济原则在教学中的运用以及汉语的内在逻辑。其目标是在激发学生被动理解能力的同时，还培养他们的主动表达能力。汉字门槛里的字以及在字的基础上所组成的词系统性、重复性地出现在学生面前，对于他们来说，是能让他们最大程度地习得汉字与词，并取得学习上质的飞跃。

《滚雪球学汉语》除了严格控制字与词之外，还从有利于口语表达的角度出发限制了文章的长度。用有限的字，能编写出无限多的文章。同样，只要掌握有限的汉字，便能理解尽可能多的文章。这对学习者来说无疑是一种巨大的鼓舞，有利于他们信心的构建。这本教材跟普通的阅读教材的不同点还在于，它处在知识的输入与输出的十字路口，连接了汉语的学习与操练。每一课都包括课文、词汇表、扩展与练习四个部分。扩展部分是指由生字扩展生词，再由生词扩展短语，句型结构或句子，原来的生字和生词用红色字体，所扩展的部分用"★"和"◆"两种方式标记。其中标有"★"号的是为提醒学习者注意掌握词义，标有"◆"号则是提醒学习者注意掌握字义。

比如中级第一课的生词"失业"有如下扩展：

★ 他失业了 tā shīyè le，失业人口 shīyè rénkǒu。

◆ 丢失 diūshī，失去 shīqù。

◆ 工业 gōngyè，商业 shāngyè，农业 nóngyè，就业 jiù yè，作业 zuòyè，毕业 bì yè。

练习部分分为"问答题"和"写短文"两个环节。其中"问答题"环节包括"A"和"B"两组问题，他们数量一样，难度相当，目的是让学生在课堂上可以进行两两分组的对问练习。"写短文"环节会给出建议使用的生词以及句型。对短文字数的要求采取的也是阶梯式的进度，从最先的 100 字开始，以 50 字为一个阶梯，最终要求学生能写一篇 400 字的短文。

《滚雪球学汉语》是字本位的集中体现。它不仅充分彰显了由字扩词再组句成章的理念，也注重逐步将学生的被动词汇升级为主动词汇。可以说，"字"与"词"始终是字本位所坚守的，两者缺一不可。

《汉字的表意王国》

《汉字的表意王国》是我与自从 1981 年居住法国的中国画家陈德宏合作编写的另外一本汉语书籍。该书于 2012 年 1 月在法国出版。该书最大的特点是将汉字解析与书法和国画结合起来了。这与西方人画汉字的情结是分不开的。全书一共介绍了 48 个汉字。每个汉字首先以画和书法的形式展现在读者面前，具有强大的视觉冲击力。随后是我对所画汉字的解释：首先从"字"出发，选取一个主题，展开一小段叙述，实质也是对中国文化与社会的介绍。其次是展示汉字笔顺，分析部首和偏旁的含义；随后给汉字组词，展示汉语词汇的透明性。最后是表达部分，介绍一个包含了该字的成语或者专有名词。如"峡"字，我选取的主题是"海峡两岸"，对比了中国内地和台湾在词汇运用上的不同，随后展示了"峡"的笔顺并介绍了部首"山"和偏旁"夹"的意义，进而引申出了"海峡"、"山峡"和"峡谷"三个词，包括它们的拼音、所对应的法语词以及法语直译，从法语直译可以看出汉语词汇的具有高度理据性；最后介绍了"三峡工程"。此书的受众是所有对汉字感兴趣的人，包括汉语学习者，也包括那些想在文字与图片和想象之间建立联系的人。

从1989年的第一本教材到2012年的新出教材，我始终高擎字本位的旗帜。在尊重汉语特性的同时，也兼顾了学生的兴趣和记忆特点；在强调字的同时，也提高了词汇学习的效率；在强调写的同时，也没有阻碍口语水平的进步。可以说，法式字本位依靠汉字构建起了汉语教学的体系。

第三，主持编写法国中小学汉语教学大纲。

教学大纲在教学中起着纲领性的关键性作用。2002年，我主编的高一汉语教学大纲颁布，法国的汉语教学从此进入了由大纲统领的时代。此后，其他年级的汉语教学大纲也陆续制定颁布。以下是法国的汉语教学大纲颁布年表。

| 年级 | 高一 | 高二 | 高三 | 小学 | 初中初阶 | 初中二阶 | 中文国际班 |
|---|---|---|---|---|---|---|---|
| 年份 | 2002 | 2003 | 2004 | 2005 | 2005 | 2007 | 2008 |

从内容上看，它们均从汉语的特性出发，突出汉字教学的重要性。

汉语教学大纲的前言明确指出，汉语教学有以下三个目标：第一，使用汉语进行交流。第二，了解汉语文化。第三，利用汉语的开发性功能。

使用汉语进行交流目标是要使学生具备汉语听说能力，能认读并书写简体中文，掌握汉语拼音。对于接受过繁体中文教学，并能读写繁体中文的学生，其水平也被认可，但仍须要求此类学生能够辨认简体中文。作为理解汉字信息最常用的工具之一，汉语拼音的作用十分重要，因此对汉语拼音的掌握也是教学目标之一，并且也是教学评估的内容之一。

了解汉语文化。文化知识的输入应从学生首次接触汉字的书写及字源开始。至于严格意义上的文化内容，由于使用汉语的地域范围并不限于讲汉语的国家和地区，如中国内地及台湾、新加坡和各国的"中国城"，而是扩展为了一个"汉语世界"。因此，学生还应了解在某些国家，如日本、韩国和越南等，汉字也是一种文化传载的工具。

利用汉语的开发性功能。与西方语言不一样，汉语不分析语音。它以字形和语义的结合为基础，能调动学生对笔画顺序和方向的记忆能力，以及通过田字格掌控潜在空间的能力。总之，学习汉语可以让我们对一门没有时态变化、动词变位、性数区分，并采用非拼音文字的语言的运用进行思考。

三个目标从不同的维度确定了整个汉语教学的目标，而汉字是这三个教学目标的共同内容。因此，可以说汉字教学在整个汉语教学中具有举足轻重的作用，甚至可以说整个教学大纲都是围绕汉字的教学与学习这个基垫展开的。鉴于汉字的重要性，我在确定了三个教学目标之后又提出了"汉字能力"这一概念。"汉字能力"是汉语能力中不可或缺的一环，它充分显示了汉语的特性，是汉语区别于其他语言最明显的标志，但这一能力却极少被人提及。

我对这一能力有以下诠释。

① 分析字形，除了能辨认用于查字典的关键部首之外，还应掌握所有的偏旁或者说部件，以简化对汉字的记忆。

② 熟悉部分古体字，目的是要帮助记忆以及更好的理解汉字的字义。

③ 书写汉字，包括掌握笔画、笔顺。

④ 发音能力，能发四声以及正确读出常见多音字的读音。

⑤ 掌握每个汉字的一个或多个义群。每个汉字都是一个"传播意义"的单位，只有在了解具体语境的情况下汉字的意义才能被确定。所以，必须认识前一个字和后一个字并理解他们的意义。确定一个汉字的语义根源十分重要，只有这样才能培养学生对汉字书写的自动理解能力。同时，还必须使学生掌握某个汉字所包含的义群是否能单独使用，是否能成为一个独立词语而存在。

⑥ 能够对所学汉字进行组词，掌握最常用的词语组合。

⑦ 主动认知汉字的能力，包括辨认与输出。

⑧ 查阅字典的能力，能分辨部首，数笔画，区分不同的笔画。

可以看出，第一到第五种能力主要是从"字音"、"字形"、"字义"这三个维度来考虑的。第六种能力要求学生能够用汉字组词。所以我所说的字本位并非只重视字，而是同时也强调词。字和词这两个教学单位始终存在，只是面对不同的教学对象，两者的侧重点会有所不同，但对于一般中学生而言，在字的基础之上层层扩词的能力是必不可少的。第七种能力也称为"积极记忆"能力，在学生的汉字存储中，总是会有"积极"与"消极"之分，即我所说的"主动字"与"被动字"之分。"主动字"要求学生既能理解，又能表达，而"被动字"则只要求学生能理解。第八种能力是查找能力。汉字不分析语音，这一特殊性催生了汉字能力中的查找能力。当面对一个生字时，学生要知道如何使用字典将其查找出来，这也就要求学生熟知汉字的部首、偏旁和笔画。我对汉字能力的解析依然是从"遵循汉语特性"与"以学生为中心"这两条基本原则出发。它将"能对所学汉字进行组词，掌握最常用的词语组合"提出来表明法式字本位采取的是由字到词的策略，在一定程度上说，学字是为了更好的学词。因此，可以看出，法式字本位并非只强调汉字教学，而是从汉语教学的整体来考虑的。

除了汉字能力之外，此教学大纲对于训练学生的听、说、读、写这四大能力也有不一样的认识。学生的汉语听、说、读、写四大能力要通过对汉语语言和文字特征的掌握来培养。汉语的特征在于：文字与语言呈分离状态，其文字的透明性几乎为零，也就是说文字不能表现发音。由此，其口语无法瞬间被音符记录下来。针对这种情况，汉语教学需要考虑两个不同的单位。1996年，我在《世界汉语教学》第3期上发表的《汉语教材中的文、语领土之争：是合并，还是自主，抑或分离？》一文中提出了"两口锅"的观点。我认为："汉语教学上不是有两口锅吗？我们认为有这么两口，以字为基本语言教学单位的书面语言算一口,以词为基本语言教学单位的口头语言算一口。"另外,在教育体制内,应将口语表达的训练摆在首要位置,所以汉语教学要采取分步走的形式。

首先是读和写教学目标分步走,被动字与主动字教学分步走,汉字辨认与使用分步走。其次是口语与汉字书写分步走。举一个简单的例子,很多国家或城市的名称在教学中会提到,此时,完全可以借助拼音来标注它们的读音,学生掌握读音即可,并不要求学生掌握它们的写法,因为这些汉字的使用频率较低。

这种"分步走"的好处在于,将书面表达与口语表达分离之后,口语表达能力的提升不会因为汉字习得而受到拖延。同样,在进行教学评估时,不同的能力要区别对待。参见下列图示。

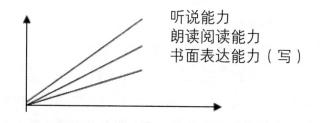

听说能力
朗读阅读能力
书面表达能力(写)

可以看出,大纲对于听说能力的要求是最高的,其次是朗读与阅读能力,最后才是书面表达能力与汉字书写。基于法式字本位的教学大纲对于四项不同的语言能力的分级要求是科学且符合教学实际的，它也正好表明了法式字本位并非只强调汉字教学，而是从汉语教学的整体来考虑的。只要汉字教学方法得当，并与其他语言能力的教学协调发展，便能提高学习者的汉语综合水平。不过要特别提出的是，尽管对于书写能力的要求相对较低，但是，大纲也指出它对汉语学习来说依然是必不可少的。如果要求学生在经过几年的培训之后就可以用汉语流利地进行交流的话，就一定要让他们克服印欧语言特点所带来的词法方面的障碍，即尽可能地降低由他们的母语造成的负迁移作用。这就要求在教学过程中，有两点需要把握，一是汉字及其背后所蕴含的文化。"字"才是汉语所特有的，要通过汉语的这一特性培养学生的汉语思维。二是朗读。标准的四声对于区分词义起着至关重要的作用。这也是从学生的长期学习效果来考虑的。

采取分步走的形式之后，汉字学习计划也被纳入了教学大纲，即针对一外、二外和三外学生在高中毕业时需掌握的不同的汉字门槛以及 105 个汉字偏旁表。制定汉字门槛需要考虑的首要因素是对汉字的选择。选择的标准是什么？标准是汉字的综合频率与能力，包括一个汉字在书面语中的使用频率、在口语中的使用频率、组词能力、对文化的再现能力以及对字形的分析能力等。在此标准之上制定的汉字门槛，参见下表。

| 汉字门槛 | 一外 | 二外 | 三外 |
|---|---|---|---|
| 基础汉字 | 805个 | 505个 | 405个 |
| 主动字 | 505个 | 355个 | 255个 |

一外学生需要掌握的基础字为805个，其中主动字为505个，被动字为300个。二外学生需掌握的505个基础字为一外学生需掌握的主动字。三外学生需掌握的405个基础字，其中255个为主动字。这三个汉字门槛很明显地区分了主动字与被动字。对于主动字，大纲要求学生既能听懂，又能主动表达，包括书写。对于被动字，学生在书面表达时可以用拼音代替。划分主动字与被动字是法式字本位的主要内容之一，其实质是协调字与词之间的关系，当两者发生冲突之时，双方视情况作出必要妥协，目的是保证学习者汉语能力的平衡与汉语综合水平的提高。一外、二外和三外的学生有各自的汉字门槛，但是，105个汉字偏旁表是所有学生都必须掌握的。笔者认为辨认偏旁部件以及为偏旁部件命名在记忆汉字，尤其是主动字的过程中起着决定性的作用。对部件的掌握能增加学生习得主动字的数量。这一点在随后的调查问卷中得到了有力的证明。在制定汉字门槛时，有一个选择汉字的标准，同样，105个汉字偏旁的选择也有标准。它从教学法出发，参照的是使用频率最

高的汉字。在这 105 个偏旁中，不仅有字典首页所列出的部首，还有诸如"也"和"不"这样的汉字，因为它们作为偏旁时也经常出现在使用频率较高的汉字里。可以肯定的一点是，偏旁的高出现率对于记忆整个汉字是有好处的。相反，字频很高的"鱼"字部却不在此表中，因为"鱼"字部的字在教学中的使用频率很低，故省去。

以上便是对法国高中汉语教学大纲的简要分析。我作为大纲的主编，其法式字本位理论在此得到了集中体现。总的来说，首先，汉字教学是汉语教学的重要组成部分。为帮助学习者习得汉字，教师应该在课堂上分析笔画笔顺以及汉字部件等。其次，为保证学生汉语综合水平的提高，在教学过程中可采取分步走以及区分主动知识与被动知识的方式。也就是说，我理解的字本位始终坚持"汉语教学以尊重汉语特性为前提"与"以学生为中心"这两条基本原则，并且具有灵活高效的特点。众所周知，教学大纲对于教材的编写、教学法的选择、教学评估等方方面面都有着深远的影响。因此，一部尊重汉语特性并以学生为中心的教学大纲中无疑能起到革命性的作用。

我的汉学之路目前还在走，现正在写一部《法国汉语传播的历史》。新的里程，新的考验仍摆在我面前。

# 致 谢

这本口述实录的出版,首先要感谢它的主人公白乐桑教授。2014年8月底9月初,白乐桑教授来北京参加国际学术会议,在日程安排非常紧张的情况下,专门抽出时间来北京大学与我做了两天的访谈。10月中旬,我又专程去了巴黎,白乐桑教授又在繁忙的公务活动中抽出时间在自己家中接待我。在白乐桑教授的全力配合下我顺利地完成了预设的访谈任务。其次要感谢北京大学国际合作部。夏红卫部长以及其他部领导一直积极推动北京大学国际校友访谈项目,不仅多次召开研究项目具体实施的策划和协商会,而且与学校主管领导和相关部门沟通,为本项目争取各方面的支持。陈岿明先生在访谈所用器材购置，访谈时间、地点的协调，我去巴黎的机票、住宿等方面的安排，做得十分细致、周到，使我能免去一切后顾之忧，全心地投入到访谈及其后期整理的工作。北京大学国际关系学院的项佐涛博士也是我进行访谈工作的得力助手，访谈的音像资料转换成文字都是由他负责的。总之，没有来自各方面的支持和帮助，单凭我一己之力，是无法完成这本口述实录的。